생각의 차이를 만드는 지식 교양서

차이나는 클라스 01

생각의 차이를 만드는 지식 교양서
차이나는 클라스 01

기획 JTBC 〈차이나는 클라스〉 제작진 | **글** 김정욱 | **그림** 미늉킴

찍은날 2023년 11월 20일 초판 1쇄 | **펴낸날** 2023년 11월 28일 초판 1쇄
펴낸이 신광수 | **CS본부장** 강윤구 | **출판개발실장** 위귀영 | **디자인실장** 손현지
아동IP파트 박재영, 박인의 | **출판디자인팀** 최진아, 이서율 | **저작권 업무** 김마이, 이아람
출판사업팀 이용복, 민현기, 우광일, 김선영, 신지애, 허성배, 이강원, 정유, 설유상, 정슬기, 정재욱, 박세화, 김종민, 전지현
CS지원팀 강승훈, 봉대중, 이주연, 이형배, 이우성, 신재윤, 장현우, 전효정, 정보길
펴낸곳 (주)미래엔 | **등록** 1950년 11월 1일 제16-67호 | **주소** 서울특별시 서초구 신반포로 321
전화 미래엔 고객센터 1800-8890 팩스 541-8249 | **홈페이지 주소** www.mirae-n.com

ISBN 979-11-6841-673-4 74000
ISBN 979-11-6841-674-1 (세트)

ⓒ JTBC All Rights reserved

이 책은 에스엘중앙(주)와의 정식 계약을 통해 (주)미래엔에서 제작, 판매하므로 무단 복제 및 판매를 금합니다.
파본은 구입처에서 교환해 드리며, 관련 법령에 따라 환불해 드립니다. 다만, 제품 훼손 시 환불이 불가능합니다. 값은 뒤표지에 있습니다.

생각의 차이를 만드는 지식 교양서

차이나는 클라스 01

기획 JTBC 〈차이나는 클라스〉 제작진
글 **김정욱** | 그림 **미늉킴**

Mirae N 아이세움

들어가는 말

〈차이나는 클라스〉, 줄임말로 〈차클〉이라고 불렸던 프로그램의 전체 제목은 〈차이나는 클라스-질문 있습니다〉입니다. 질문이 있는 수업이라는 점이 기존의 강연 프로그램들과 차이가 난다는 뜻에서 붙여진 이름이지요. 〈차클〉이 등장하기 전까진 TV 속 교실에서도 현실 속 학교와 마찬가지로 학생들은 입을 꾹 다문 채 선생님 말씀을 듣기만 했습니다. 이 프로그램은 궁금한 걸 자유롭게 물으며 함께 답을 찾아가는 교실, 그 안에서 사고력도 창의력도 쑥쑥 자라나는 아이들의 모습을 꿈꾸며 기획한 프로그램입니다. 그런 취지에 공감하신 분들이 많았는지 〈차클〉은 온가족이 함께 보는 방송으로 사랑받았습니다. 특히 방학 특집 공개 방송 때면 부모님 손을 붙잡고 찾아와 질문을 던지는 어린 학생들의 똘망똘망한 눈빛을 보며 저를 포함한 제작진이 얼마나 큰 감동과 보람을 느꼈는지 모릅니다.

TV 속 〈차클〉은 아쉽게도 막을 내렸지만 어린이들도 〈차클〉의 다채로운 강연 내용을 책으로 읽을 수 있으면 좋겠다는 마음을 담아 만든 것이 《생각의 차이를 만드는 지식 교양서, 차이나는 클라스》입니다. 이 책은 프로그램에서 방영되었던 강의들 중 어린이 독자 여러분들이 흥미를 가질 만한 강의를 엄선하여 재미있게 풀어내 보았습니다. 이 책을 통해 질문으로 답을 찾는 차이나는 수업이 계속 이어질 수 있길 바랍니다.

신예리 전 JTBC 교양팩추얼본부장(〈차이나는 클라스〉 기획)

등장인물 소개

로봇이라고?

안녕? 만나서 반가워. 나는 차클이라고 해.
세상에서 벌어지는 모든 일에 호기심이 많아서 언제나 질문을 달고 살지.
왜 그렇게 질문이 많냐고? 비밀인데, 사실 난 인공 지능(AI) 로봇이거든.
분야를 가리지 않고 끊임없는 질문을 통해 세상의 모든 지식을 머릿속에 넣는 게
내 목표야. 질문은 무엇을 배우기 위한 가장 쉽고도 효과적인 방법이라고
생각하거든. '질문이 세상을 바꾼다'라는 말도 있잖아?
그럼 이제 눈치 보지 말고 나랑 같이 손 들어 볼래? 질문 있습니다!

1장 Why? 지나간 역사를 배워야 하나요? 8

첫 번째 강의 **프랑스 혁명**
두 번째 강의 **조선의 민란**
세 번째 강의 **일본의 식민 지배**
네 번째 강의 **조선의 방역**

2장 Why? 보이지 않는 미지의 영역을 연구하나요? ... 46

첫 번째 강의 **우주의 시작**
두 번째 강의 **별이 남긴 것**
세 번째 강의 **우주 위협**
네 번째 강의 **공룡의 후손**

3장 Why? 인간은 이야기를 만들어 내나요? 78

첫 번째 강의 **그리스 로마 신화 1**
두 번째 강의 **그리스 로마 신화 2**
세 번째 강의 **삼국지 1**
네 번째 강의 **삼국지 2**
다섯 번째 강의 **옛날이야기**

4장 Why? 인간은 계속 질문하나요? 118

첫 번째 강의 **질문의 힘**
두 번째 강의 **개인주의**
세 번째 강의 **선거**

여기, **프랑스 혁명**과 **동학 농민 운동**, 일본의 **식민 지배**와
조선 시대 역병의 유행이라는 네 가지 역사적 사건이 있습니다.
이 사건들에는 수백 년이라는 시간의 차이, 프랑스와 대한민국이라는
장소의 차이가 있지만 **공통점**이 존재하기도 합니다.
바로 현재의 우리에게 영향을 미친 사건이자 **되풀이되는
인간의 모습**을 보여주는 사건이라는 것이지요.

우리는 역사를 배우면서 과거와 만나고 또 과거의 결과물인
현재를 이해할 수 있습니다. 또한 이 과정에서 미래를 향한
바른 **통찰력**을 기르고, 앞으로 살아가는 데 필요한
지혜와 용기를 얻을 수도 있지요. 과거는 현재로 이어지고,
현재는 다시 미래로 나아가는 발판이 되니까요.

이렇듯 과거에 있었던 역사적 사건들은 현재를 사는 우리에게
여러 형태로 끊임없이 말을 걸며 세상을 보는 눈을 넓혀 줍니다.
자, 그럼 차클이와 함께 역사 속으로 여행을 떠나 직접 확인해 볼까요?

WHY?
지나간 역사를 배워야 하나요?

첫 번째 강의 **프랑스 혁명**
두 번째 강의 **조선의 민란**
세 번째 강의 **일본의 식민 지배**
네 번째 강의 **조선의 방역**

프랑스 혁명의 시작

계몽주의 사상은 중세의 전통적이고 권위적인 사상을 비판하는 사상으로, 이성에 어긋나는 낡은 관습과 제도를 개혁해야 한다고 주장했다. 또한 인간의 자유와 평등을 주장하며 프랑스 혁명의 토대가 되었다. 결국 프랑스 혁명은 평민들의 귀족들에 대한 불만과 계몽주의 사상의 영향으로 시작되었다고 할 수 있다.

온건파*(푀앙파)가 중심이 된 국민 의회 의원들은 1789년 8월 26일에 '인간과 시민의 권리 선언'을 발표해. 여기에서는 인민 주권의 원칙*을 선포하고 인간의 기본 권리로서 사상, 출판, 종교의 자유를 보장하고, 사유 재산을 보호하는 것 등의 원칙을 제시했지.

- 제1조 인간은 자유롭고 평등한 권리를 지니고 태어나서 살아간다.
- 제3조 모든 주권의 원리는 본질적으로 국민에게 있다.
- 제6조 법은 일반 의지의 표현이다. 모든 시민에게는 직접 또는 대표자를 통해 법의 제정에 참여할 권리가 있다.
- 제11조 사상과 의견의 자유로운 소통은 인간의 가장 소중한 권리 중 하나이다.

***온건파** 사상이나 행동이 과격하지 않은 당파
***인민 주권의 원칙** 국가의 의사를 최종적으로 결정하는 권력, 즉 주권은 국민(인민)에게 있다는 원칙

점점 더 거세지는 혁명의 불길

시민들은 새로운 세상이 오기를 기대했지만, 기대와 달리 국민 의회는 그들의 권력을 강화하는 데 몰두했다. 루이 16세 역시 밀려난 왕권을 되찾는 것에만 관심이 있었기에 갈등은 계속되었다.

혁명 후에도 높은 물가와 식량 부족 문제들이 해결되지 않자, 1789년 10월 분노한 시민들은 부녀자들을 중심으로 모여 파리에서 조금 떨어진 베르사유 궁전에 머물던 루이 16세 일가를 파리로 다시 데려왔어.

혁명 후 초기에 권력을 잡은 온건파는 왕정을 유지하고 왕의 권한을 축소하는 입헌 군주제를 도입하여 그들의 권력을 유지하고자 했다. 하지만 루이 16세는 이를 거부하고 파리를 탈출해 오스트리아의 군대를 끌어들이려 했다. 프랑스와 오스트리아는 오랜 기간 치열하게 경쟁하던 사이였기에 이 사실을 알게 된 시민들은 크게 분노했다.

고민에 빠진 온건파는 왕이 도망친 게 아니고 납치당할 뻔했다며 이 사건을 조작해.

아무도 안 믿었을 것 같은데요?

맞아. 분노한 시민들은 1791년 7월 17일 샹드마르스 광장에 모여 집회를 벌여.

왕정 폐지!
공화정* 수립!
왕정 폐지!

*공화정 국민이 뽑은 대표자가 주도하는 정치

온건파가 집회를 진압하는 과정에서 시민 60~70명이 목숨을 잃었어. 이 사건을 계기로 급진파(자코뱅파)가 힘을 얻게 돼.

세 번째, '급진파의 지배'로군요.

주변 나라들은 프랑스 혁명에 큰 충격을 받고, 혁명의 불길이 자기 나라에까지 번지는 것을 두려워했다. 외국 군대를 동원해서라도 혁명을 진압하려던 루이 16세와 마리 앙투아네트가 시민들에게 붙잡히자, 오스트리아 황제 레오폴드 2세는 여동생인 마리 앙투아네트를 구하기 위해, 또한 혁명이 자기 나라까지 퍼지는 것을 막기 위해 프로이센, 에스파냐 등 다른 국가와 연합하여 프랑스를 위협하며 전쟁이 시작됐다.

준비 없이 전쟁을 시작한 프랑스는 패전을 거듭하다가 의용군*을 모집해. 이들은 비록 수는 적었지만 오스트리아 연합군을 상대로 놀라운 실력을 보여 줘.

이때 부른 노래가 '라 마르세예즈'야. 나중에 프랑스의 국가가 되었지.

*의용군 민간인으로 조직된 군대

1792년 8월 10일, 분노한 시민들은 루이 16세 일가를 습격했고, 왕은 탕플 탑에 갇혔어.

새로 구성된 국민 공회는 왕정 폐지와 공화정 수립을 선포했지. 그리고 1793년 1월, 2만여 명의 시민이 지켜보는 가운데 루이 16세는 처형되었어.

외국과의 계속된 전쟁 때문에 프랑스의 경제 상황은 더욱 안 좋아져.

급진파*는 경제 문제를 해결하고, 나라를 안정시킨다는 명분으로 독재와 공포 정치를 시작하고 반대파를 모두 죽여. 1년 만에 50만 명이 투옥되고, 3만 5000명이 처형당할 정도였어.

혁명의 적은 모두 죽여라!
네 번째 '독재'의 단계네요.
로베스피에르

*급진파 사상이나 행동이 급격하고 과격한 당파

반대하는 자들을 손쉽게 처형하기 위하여 사용된 단두대, 일명 기요틴은 의사 기요탱이 제안하여 만들어졌다. 이후 루이 16세를 비롯한 수많은 성직자와 귀족들이 이것으로 처형되면서 공포 정치의 상징이 되었다.

또한 18세부터 40세 사이 모든 남자가 징집 대상이 되었는데, 급진파는 징집을 거부한 농민들을 가혹하게 죽이기도 했지. 이 사건을 방데 반란이라고 해.

죄 없는 사람들이 너무 많이 죽는 것 같아요.

프랑스 혁명이 남긴 것

이들은 생존을 위해 무장한 채 양반 지주나 관청을 습격했지. 홍길동 이외에도 명종 시절 백정 출신 임꺽정, 숙종 시대 광대 출신 장길산이 민란을 일으킨 대표적 인물이야. 이들은 백성들의 입장을 대변했기 때문에 백성들에게 큰 지지를 받았지.

조선 초기에 일어난 민란들은 권력을 얻어 세상을 바꿔 보겠다는 혁명이 아니었다. 먹고살기가 너무 어려워 살려 달라는 외침에 가까웠다. 하지만 조선 중기 이후부터는 단순히 생존을 위한 투쟁을 넘어서 불평등한 체제에 저항하고 새로운 나라를 꿈꾸는 투쟁으로 그 성격이 변해 갔다.

《정감록》의 시대

미륵 신앙 다음으로 유행했던 민란의 지침서는 《정감록》이야.

《정감록》은 누가 썼는지 알 수 없는 예언서로, 정 씨 성을 가진 누군가가 나타나 계룡산에 수도를 둔 새 왕조를 세우고 모든 이가 평등하고 풍족하게 산다는 내용을 담고 있다. 영조 때 함경도에서 출현하여 전국으로 퍼졌고, 수많은 민란과 역모의 배경이 되었다.

영조라면 백성을 위한 정치를 했다고 들었는데….

영조, 정조는 백성을 위한 정책을 펼쳤던 왕들이었지만, 이 시대에 《정감록》이 유행한 이유는 탐관오리*가 너무 많았기 때문이야.

또 어떤 구실로 세금을 걷을까?

*탐관오리 백성의 재물을 탐내어 빼앗는 관리

정조가 재위하던 1779년 엄청난 탐관오리였던 황해도 곡산의 부사(사또)가 세금을 너무 많이 걷자, 이계심이라는 농민이 사람들을 천여 명 이끌고 관아에 가서 항의한 사건을 '이계심의 난'이라고 한다. 곡산 부사는 군대를 동원해 농민들을 진압했고, 농민들이 난동을 부린 것처럼 조정에 거짓 보고하였다. 그러자 정조는 다산 정약용을 곡산 부사로 임명하여 자초지종을 알아보게 한다.

다산은 지금 즉시 민란이 벌어진 황해도로 가서 이계심을 심문하라!

정조

곡산에서 이계심을 직접 만나 이야기를 들은 정약용은 이런 말을 남겼지.

| 너는 죽음을 두려워하지 않고 백성의 억울함을 드러내어 항의했으니, | 너 같은 사람은 관청에서 천금을 들여서라도 사들여야 할 것이다. 《사암 연보》 |

정약용의 보고를 받은 정조는 다른 신하들의 반대에도 정약용의 요청을 받아들인다.

탐관오리가 백성들을 지나치게 수탈해서 화가 난 백성들이 관아를 습격했다 합니다. 선처해 주십시오.

정약용

정조

이계심 무죄!

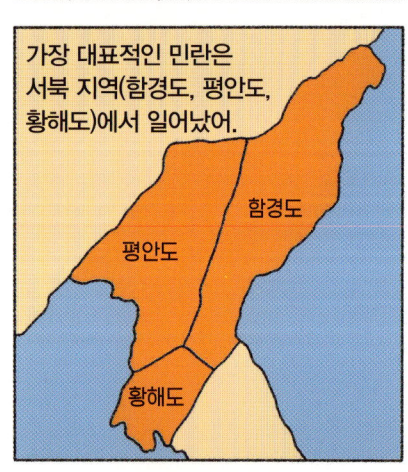

서북 지방 민란의 대표적인 인물은 홍경래야. 홍경래는 평안도 출신의 평민 지식인이었지.

홍경래는 서북 출신이라는 이유로 자꾸 과거에 떨어졌다. 결국 그는 과거를 포기하고, 부자, 상인, 천하장사 등 각 지역의 유력자들을 모으고 10년간 준비한 끝에 1811년(순조 10년) 민란을 일으켰다. 빠르게 세력을 확장한 홍경래는 10개 도시는 물론 민란 최초로 성을 점령하기도 했다.

비록 관군에게 패해 비참한 최후를 맞이했지만 홍경래 세력은 정주성에서 무려 4개월을 버텼어.

백성들이 음식을 가져다 주는 등 자발적으로 그들을 도왔거든.

홍경래의 난 이후에도 조정에서는 반성이 없었고, 백성들의 삶은 더더욱 힘들어졌지.

*군포 16~60세 남성이 군대에 가지 않는 대신 내는 세금

1862년 철종 13년에는 한 해에 무려 37건에 달하는 민란이 일어나기도 했다. 하지만 전체를 이끄는 지도자 없이 각지에서 산발적으로 일어난 민란은 사회를 변화시키지 못했다.

그러던 중 1894년, 전라도 고부에서 민란이 발생해. 이 민란이 발전한 것이 동학 농민 운동이야.

고부의 탐관오리 조병갑의 횡포 때문에 일어난 동학 농민 운동은 녹두 장군 전봉준을 시작으로 순식간에 전국적으로 퍼졌어.

동학군은 치열한 싸움 끝에 전주성을 점령하는 데 성공해.

조선 왕족의 뿌리인 전주에 동학군의 깃발이 꽂히자, 겁에 질린 조정은 1894년 5월 평화 협정인 '전주 화약'을 체결한다. 조정은 동학 농민군의 요구대로 전라도 53개 읍에 농민 통치 기구인 '집강소'를 세우고 탐관오리 벌주기, 노비 해방, 과부 재혼 허락, 잘못된 세금 폐지 등 12가지 개혁을 약속한다. 집강소에서는 백성들의 투표로 대표를 뽑았고 조정에서 보낸 수령은 부수령 역할을 했다. 덕분에 기존 수령들의 착취는 줄어들었다.

집강소는 양반과 노비, 남자와 여자, 어른과 아이가 모두 동등하게 서로를 부르는 평등한 공간이었어.

여태까지의 민란과 달리, 동학 농민 운동이 조직적으로 움직일 수 있었던 배경에는 동학 사상이 있었어.

동학 사상은 1860년 수운 최제우가 전통적인 동양 사상(유교, 불교, 선교)과 전통 민간 신앙, 그리고 서양의 천주교를 합쳐서 만든 새로운 종교이자 사상이다. '사람이 곧 하늘이다'라는 평등 사상이 동학 사상의 핵심이다. 동학 사상은 고통받던 백성들의 마음속에 깊이 자리 잡아 동학 농민 운동으로 발전하게 되었다.

전주 화약을 체결했지만 정부는 약속을 지키지 않았어. 오히려 동학 농민군을 막기 위해 청나라에 군대를 요청했지.

청나라군이 조선에 오자 일본도 청나라와 맺은 '텐진 조약'에 따라 군대를 보내지.

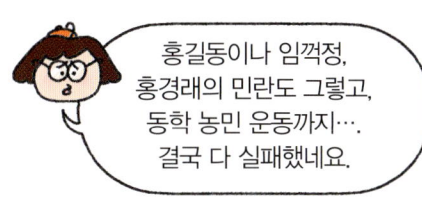

동학군의 후예는 이후 항일 의병으로 활약하며 싸움을 이어가거든. 또한 이들의 혁명 정신은 일제 강점기 독립운동과 민주주의를 쟁취하기 위한 민주화 운동에 영향을 끼치며 현대의 시민 정신으로 이어져.

 나는 나석주라고 해. 내 소개는 이따 다시 할게.

일본이 한국을 식민 지배하던 시기는 20세기 전반 제국주의* 시대로 강대국들이 앞다투어 식민지 개척에 나서던 시대였어.

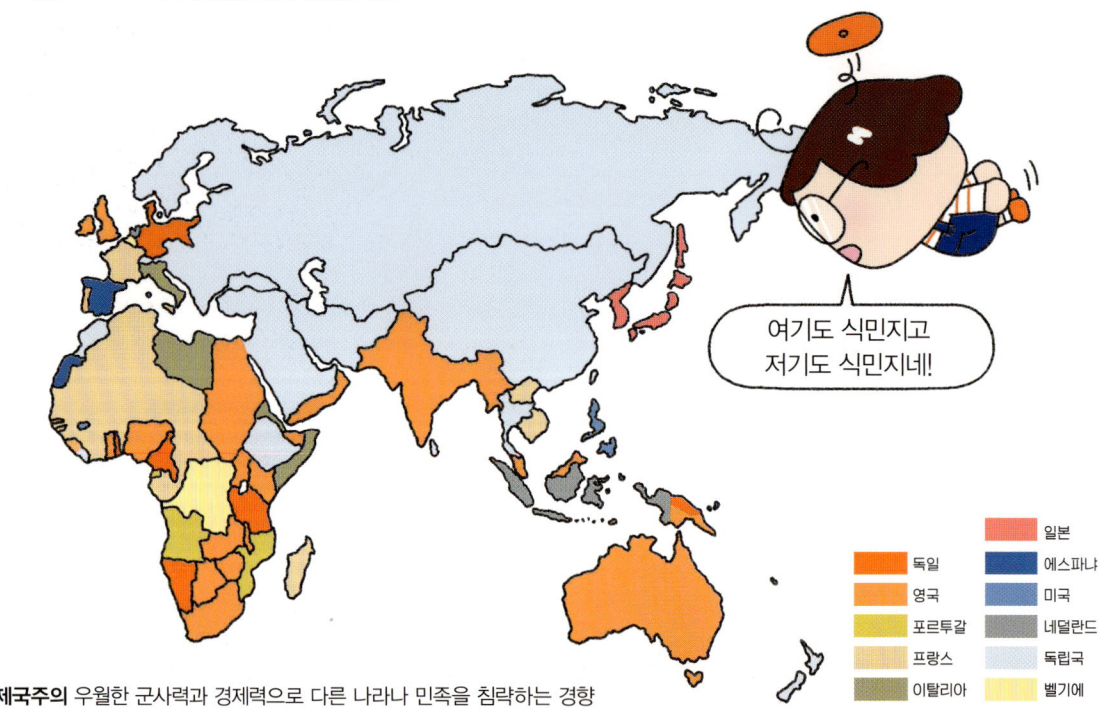

*제국주의 우월한 군사력과 경제력으로 다른 나라나 민족을 침략하는 경향

메이지 유신은 1868년 전후에 일본에서 일어난 정치, 사회적 개혁을 의미한다. 메이지 유신 전 일본은 쇼군이 중앙 정부인 막부를 장악하고, 지방(번)은 지방 영주인 다이묘가 지배하고 있었다. 번은 독립적이었지만, 중앙의 막부에 의해 통제되었으며, 일왕은 그저 상징적인 존재일 뿐이었다. 그러던 중 1853년 미국의 페리 제독이 일본에 개항을 요구했다. 서양 세력에 두려움을 느낀 막부는 미국과 통상 조약을 맺었고, 이것은 메이지 유신의 계기가 되었다.

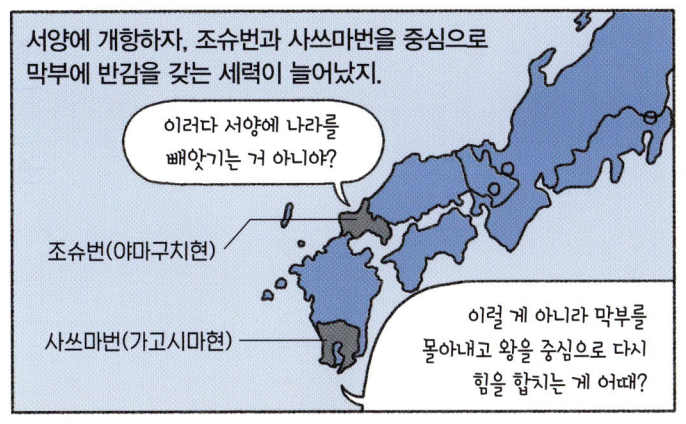

서양에 개항하자, 조슈번과 사쓰마번을 중심으로 막부에 반감을 갖는 세력이 늘어났지.

이러다 서양에 나라를 빼앗기는 거 아니야?

조슈번(야마구치현)

사쓰마번(가고시마현)

이럴 게 아니라 막부를 몰아내고 왕을 중심으로 다시 힘을 합치는 게 어때?

조슈번과 사쓰마번의 군대가 막부를 몰아내고 1868년에 일왕을 중심으로 한 중앙 집권 국가를 조직했는데, 이게 바로 메이지 유신이야.

메이지 일왕

다시 왕이 다스리게 됐네요.

그렇지. 일왕은 최고 권력자로서 통치권을 행사하게 됐어.

메이지 유신 후 일본은 서양 세력에 맞서기 위해 나라를 튼튼하게 하고(부국), 강한 군대를 가져야 한다(강병)는 '부국 강병' 정책을 추진한다. 또한 서구식 근대화를 목표로 서양의 문물을 적극적으로 받아들였다. 신분 제도를 없애고 토지 제도를 개혁했으며, 교육 제도를 바꾸고 근대식 군대를 만들기도 했다. 이로써 일본은 아시아에서 가장 먼저 근대화에 성공한 나라가 되었다.

메이지 유신이 성공하는 데 가장 큰 영향을 끼쳤던 사람이 요시다 쇼인이야.

내가 바로 요시다 쇼인!

조슈번에서 학생들을 가르치던 그는 일본이 강해지기 위해선 조선을 침략해야 한다고 주장했어.

미국 같은 강대국과는 우호 관계를 맺어 실력을 기른 후, 손쉽게 넣을 수 있는 조선과 만주, 중국이 영토를 점령해 강국에 잃은 것을 약자에게 빼앗아 메우는 것이 상책이다.

그의 밑에서 배운 학생들은 훗날 조선 침략에 앞장서게 돼.

스승님의 가르침을 이어받아 조선을 침략하자!

비극의 시작이군요.

일본의 손아귀에 들어간 조선

서양 문물을 적극 받아들였던 일본과 달리 조선은 문을 굳게 닫아걸고, 개항을 요구하는 미국의 제너럴셔먼호, 강화도를 침범한 프랑스의 함대와 전투를 벌인 끝에 그들을 물리쳤지.

이처럼 서구 열강의 요구를 거부했지만, 나중에 조선은 무력에 굴복해서 억지로 개항하지. 처음 조약을 맺은 상대도 서양이 아니라 일본이었고.

일본은 조선에 세력을 뻗기 위해 1876년 2월 강화도 조약을 맺었어. 불평등한 내용이 많았지.

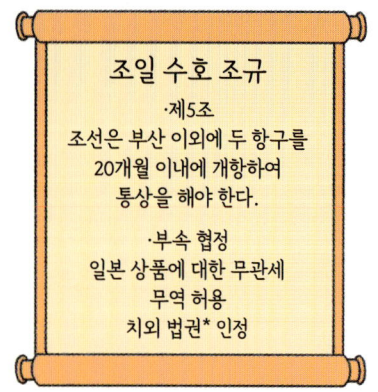

조일 수호 조규
· 제5조
조선은 부산 이외에 두 항구를 20개월 이내에 개항하여 통상을 해야 한다.
· 부속 협정
일본 상품에 대한 무관세 무역 허용
치외 법권* 인정

*치외 법권 다른 나라의 영토 안에 있으면서도 그 나라 법의 적용을 받지 않는 권리

이후 조선에는 일본인들이 몰려들어 자연스럽게 세력을 키우게 돼.

조선도 나름 개혁을 하려고 노력해. 고종은 1897년 대한 제국으로 나라의 이름을 바꾸고, 제1대 황제가 되어 근대 국가를 꿈꾸지. 이른바 '광무개혁'이야.

광무개혁에서는 자주 독립 국가를 목표로 여러 개혁을 실시했다. 토지와 군대 제도를 바꾸고, 은행과 학교를 비롯해 회사와 공장도 설립했다. 하지만 고종 황제의 의지와 나라의 힘이 약했기에 외세에 휘둘릴 수밖에 없었고, 대한 제국은 결국 열강의 침략 대상으로 전락해 버렸다.

본격적인 수탈의 시작

다음은 1910년 메이지 일왕이 발표한 '병합 조칙'의 내용이야. 한국을 규슈 등 일본의 본토와 똑같이 지배하겠다는 의미를 담고 있지.

병합 조칙

- 오랫동안 가난과 곤경에 처해 온 반도 인민을 구하여 정신적, 물질적으로 문명국인으로서 줄서기에 부끄럽지 않은 교양 훈련을 쌓고 경제의 진보와 문화의 향상을 기한다.
- 합병은 식민지를 만든다는 의향으로 행해진 것이 아닐 뿐만 아니라 (중략) 천황 폐하의 어진 보살핌 아래 건전한 발달을 이룩하여, (중략) 반도가 마치 규슈와 같은 모습을 보여주는 지경에 이르는 것을 궁극의 목적으로 한다.

일본은 가장 먼저 경제를 장악하기 위해 한국 화폐를 정리하고 일본 화폐를 널리 유통시키려 했지. 당시 한국에서 사용되던 백동화를 실제 금액보다 적은 값으로 바꾸어 주기도 하고, 상태가 안 좋다며 교환을 거부하기도 했어.

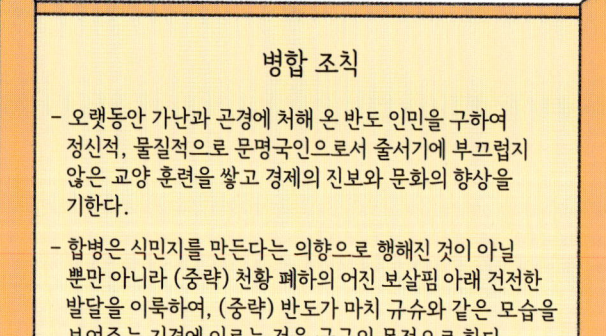

한국인이 가지고 있는 돈은 제값을 받지 못해 가치가 떨어졌고, 상태가 좋은 화폐와 일본 화폐를 가지고 있던 일본인들이 한국의 경제를 장악했어.

또한 일본의 은행이 설립되어 한국의 중앙 은행 역할을 수행했어.

1908년에 세워진 동양 척식 주식회사는 일본이 한국을 착취하기 위해 만든 회사로, 조선 총독부로부터 땅을 받아 관리했다. 그들은 일본인들에게 한국 땅을 헐값에 팔고, 일본인들을 한국으로 이주시키는 데 앞장섰다. 또한 원래 땅의 주인인 한국인들에게 소작을 하게 하고 수확량의 절반 이상을 소작료로 거둬들였다.

일본의 산미 증식 계획 때문에 한국인들의 삶은 더더욱 힘들어졌다. 쌀값이 폭등했지만 농민들보다는 땅 주인과 상인들만 부자가 되었다. 결국 가난해진 농민들은 땅을 잃고 소작농이 되는 등 악순환이 반복되었다.

또한 일본은 철도를 더 건설해서 한국 전역으로 세력을 뻗쳤어.

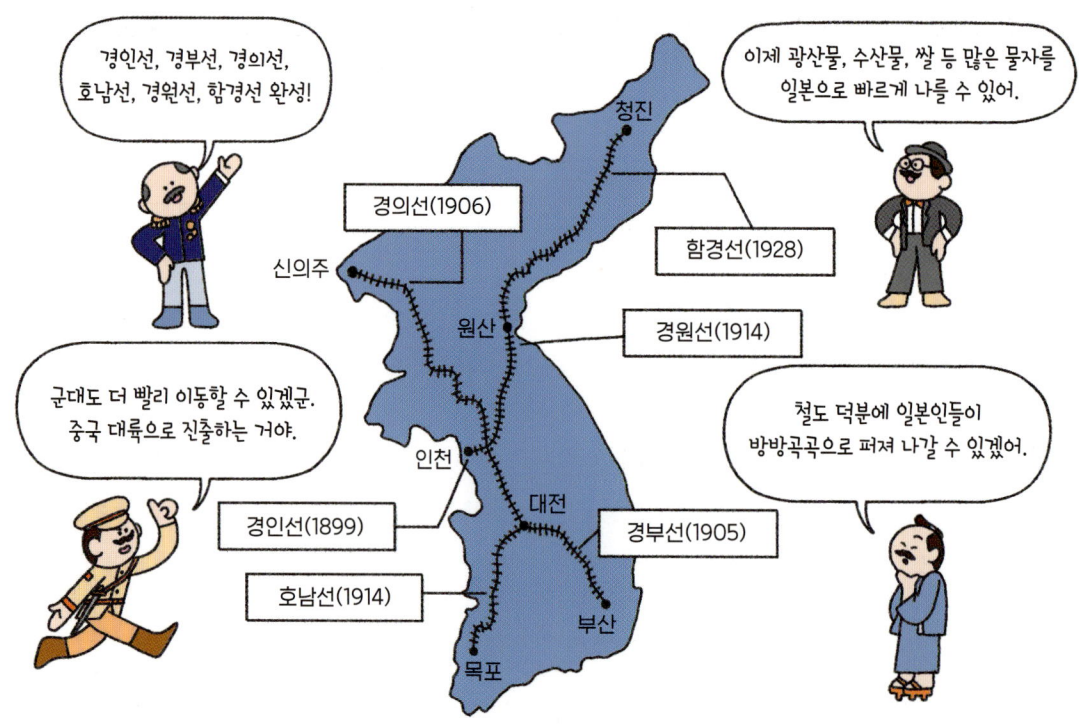

철도는 단순 이동 수단이라기보다 그 자체가 군사 시설이나 다름없었다. 대규모 군대를 이동시키고, 군수 물자를 이송하였다. 일본은 철도를 건설할 때 많은 땅을 헐값으로 사들이고 철도역을 중심으로 일본인들을 대거 이주시켰다.

그러던 중 일본이 1941년 미국의 진주만을 습격하면서 태평양 전쟁이 벌어지고, 이를 계기로 유럽에서 벌어지던 제2차 세계 대전에 일본, 미국, 소련까지 참전하며 사태가 악화되지.

이를 계기로 일본은 한국의 경제 구조를 크게 바꿔.

그 결과 여러 공업 시설이 만들어져. 북한에는 수력 발전소와 비료, 화학 공장 등이 세워지고, 남한에는 섬유 관련 공장이 세워졌지.

이 압록강 수력 발전소는 1941년 당시 세계 최대 규모의 수력 발전 시설이었어.

우리에게 남은 과제

일본의 이익을 위해 세워진 철도나 공장이 혹시 우리 나라의 경제 발전에 도움이 되지는 않았나요?

그런 주장도 있지.

바로 식민지 근대화론인데, 한국을 수탈하기 위해서가 아니라 한국인을 일본 국민으로 만들기 위해 한국의 경제를 개발했다는 논리지.

결과적으로는 너희에게도 도움이 됐잖아? 그러니까 우리에게 감사해.

 그렇게 주장하기엔 많은 문제점이 있어.

일제 강점기에 한국이 경제 성장을 하긴 했지만 정작 이익을 본 건 일본인이야.

한국인의 이익은 일본인의 10분의 1 수준이었지.

일본이 남긴 시설들은 한국 전쟁 이후 거의 파괴되며 제 구실을 못했어.

제2차 세계 대전에 패전해 망해 가던 일본은 6.25 전쟁이 터지며, 군수품을 팔면서 큰 혜택을 봤지.

6.25 전쟁 덕분에 일본 경제가 회복됐어!

식민지 지배에 대한 사회적 보상 문제 때문에 한국과 일본은 해방 이후에도 오랫동안 단절되지.

식민지 수탈 / 식민지 근대화

말이 안 통해.

한편 제2차 세계 대전 이후 미국과 소련을 중심으로 자본주의와 사회주의가 대립하는 냉전이 지속돼.

한국과 일본이 힘을 합치고 소련에 같이 맞서야 하는데….

미국

*소련 소비에트 사회주의 공화국 연방. 세계 최초의 사회주의 국가

미국의 강력한 권유로, 1951년 한국과 일본은 회담을 시작해.

한국과 일본의 입장 차이 때문에 교섭은 14년간 실패했다. 하지만 1960년에 베트남 전쟁이 발발하며 미국과 사회주의 세력의 대립이 치열하던 시기에 한국은 6.25 전쟁으로 인한 피해를 극복하지 못해 몹시 가난한 상태였고 남북 관계 역시 불안했다. 경제 발전을 위한 자금이 필요했던 한국 정부는 과거사 청산 문제는 뒤로하고 일본의 돈을 받기로 결정하였다. 일본도 과거사의 사죄와 반성이 아닌 경제 협력의 의미로 지원을 약속했다.

결국 국민의 격렬한 반대에도 1965년에 한일 협정을 맺으며 두 나라는 국교를 맺게 돼.

하지만 과거사 청산을 매듭짓지 못한 탓에 이후에도 한국과 일본은 갈등을 겪고 있어.

내의원
임금의 건강을 관리하는 기관

전의감
관료들의 진료를 담당하고,
약재와 환약 등을 만들고 배급하는 기관

혜민서·제생원
백성들을 치료하는 기관

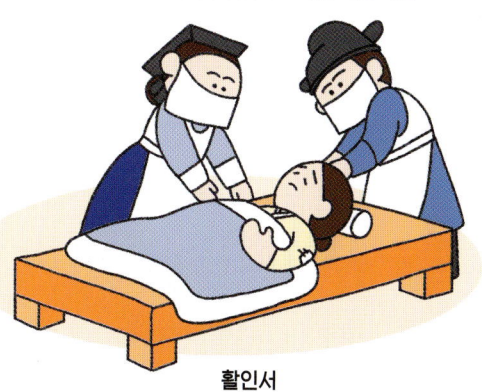
활인서
빈민의 구제와 치료를 담당하고,
전염병 환자들을 격리하던 기관

***악병** 현재의 뇌수막염의 일종으로 추정

이들이 1433년에 편찬한 의학서가 《향약집성방》이야.

이 책이 널리 보급된 덕분에 백성들은 책을 보고 병을 치료할 수 있었어.

전염병 감염을 막기 위해 가족이 없는 시신을 매장하는 담당자를 모집하기도 했어.

이 외에도 감찰단을 파견해 관리들이 백성들을 잘 보살피는지 수시로 확인하고, 역질*에 걸린 사람에게는 노역*을 면제해 주는 등 백성을 위한 정책을 폈어.

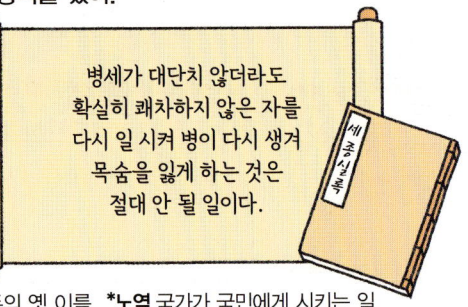

***역질** 천연두의 옛 이름 ***노역** 국가가 국민에게 시키는 일

문종은 1451년 비상 대책 회의를 소집하고, 수륙재와 여제를 지내 전염병을 막자는 제안을 하기도 했다. 수륙재는 물과 육지에서 헤매는 영혼을 달래는 불교 의식이며, 여제는 전염병이 돌 때 지내는 국가 제사이다. 미신인 것은 알지만 백성들의 마음을 위로하기 위해 제안한 방법이었다.

이런 비과학적인 논의만 있었던 건 아니야. 전염병이 더 번지지 않게 환자와의 차단을 지시하기도 했어.

조선을 삼킨 전염병

조선 중기에는 전염병에 임진왜란까지 더해지며, 더욱 힘든 상황이 이어졌어.

당시 유행한 전염병의 정체는 바로 학질이었어. 모기에 의해 전파되는 병이지.

지금은 말라리아라고도 하지.

계속해서 전염병이 유행하자 1596년, 선조는 명령을 내렸어.

전문가를 모아 의학 서적을 편찬하도록 하라.

하지만 1597년에 정유재란이 터지며 의학 서적을 편찬하던 전문가들이 흩어지고, 정유재란이 수습된 후 1608년에는 선조가 승하하며 어의였던 허준이 유배되는 등 우여곡절을 겪으면서 책은 완성되지 못해.

왕이 돌아가셨으니 어의가 유배 가는 건 당연한 일.

휴, 책은 언제 쓰나.

유배지에서도 책을 편찬하는 것에 힘썼던 허준은 1610년, 광해군 때 책을 완성해. 이 책이 바로 《동의보감》이야.

이외에도 허준은 16세기 이후 면이 보급되며 이가 서식할 따뜻한 환경이 만들어지면서 온역이 유행하자 《신찬벽온방》이라는 책을 편찬했어. 온역이란 요즘의 발진티푸스 혹은 장티푸스로 추정되는 질병이다. 또한 두창을 다룬 의서인 《언해두창집요》를 발간하기도 했다. 두창은 요즘으로는 천연두를 의미했다.

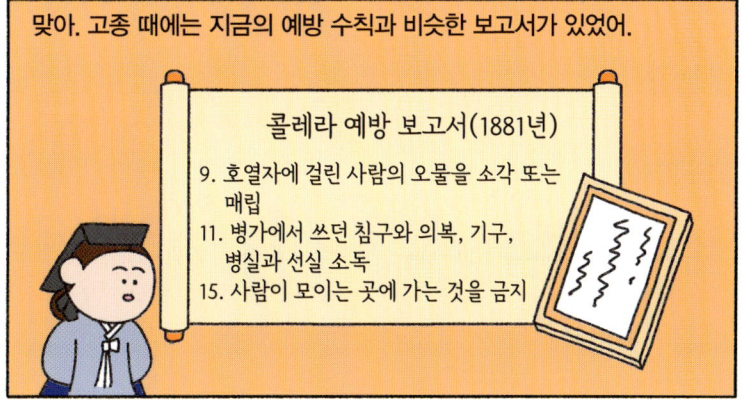

그 외에도 의학적으로 많은 발전이 있었어. 전염병 환자를 격리 수용하는 피병원이 세워지고, 전염병 사망자를 매장하고 소독·방역을 한 콜레라 방역대도 이 시기에 활동했지. 1885년에는 우리 나라 최초의 근대식 국립 병원인 제중원이 설립되었으며, 제중원에 근무했던 의사로 손 씻기의 중요성을 강조했던 에비슨이라는 의료 선교사도 등장했어.

조선 시대에도 꽤 체계적인 방역 체계가 가동되고 있었군요.

맞아. 조금 부족했을지 몰라도 백성들을 구하기 위한 왕들의 노력이 전염병 극복에 도움이 된 건 분명해.

전하께서 전염병으로 고통받는 백성들의 세금을 감면해 주라고 하셨소. 이 쌀도 받아 가시오.

사형수라도 병으로 죽어서는 안 된다! 옥을 깨끗하게 하고 사형수를 가둬라.

정조

참! 무엇보다 의료진의 노력도 잊지 말아야죠!

물론이지! 현대인들도 전염병을 잘 이겨 내서 후손들에게 교훈을 줄 수 있으면 좋겠구나!

독립운동가이자 역사학자인
단재 신채호 선생님은
'역사를 잊은 민족에게 미래는 없다'라고
말씀하셨어. 우리가 절대로 잊지 말고
후손들에게 전해 줘야 할 역사적
사건은 뭐라고 생각해?

인류는 아주 오래전부터 보이지 않는 **미지의 세계**에
끊임없이 관심을 가지고 **관찰**해 왔습니다.
칠흑 같은 **밤하늘**을 수놓은 **별**들을 보며 운세를 점치고, 계절을 읽고,
나침반이 없던 시대에 별을 길잡이 삼아 모험을 떠나기도 했지요.

미국의 유명 천문학자 칼 세이건은 그의 저서 《코스모스》에서
"**상상력**은 우리를 종종 과거에는 절대 갈 수 없었던 세계로 인도한다.
그러나 상상력이 없다면 우리는 아무 곳에도 갈 수 없다." 라고 말했습니다.
칼 세이건의 말처럼 인류는 강력한 상상력과 호기심을 바탕으로
자연이 주는 **한계를 극복**하기 위한 끊임없는 노력을 이어 왔고
그 결과 눈부신 문명을 발전시켜 왔습니다.

그리고 이제는 우리가 사는 이 푸른 별을 넘어 미처 경험하지 못한
저 하늘 끝 우주나 아주 먼 옛날의 과거를 항해하기 위해
준비하고 있습니다. 여러분도 상상의 날개를 펼치고,
또 다른 세계를 만날 준비가 되었나요?

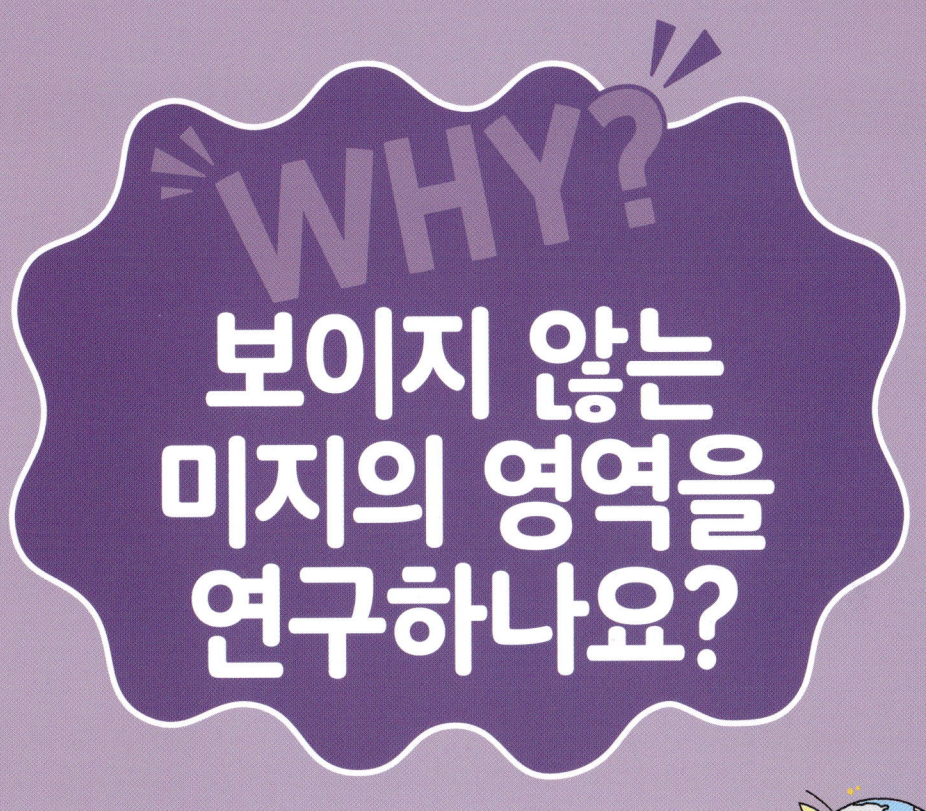

WHY?
보이지 않는 미지의 영역을 연구하나요?

첫 번째 강의 **우주의 시작**
두 번째 강의 **별이 남긴 것**
세 번째 강의 **우주 위협**
네 번째 강의 **공룡의 후손**

우주의 팽창

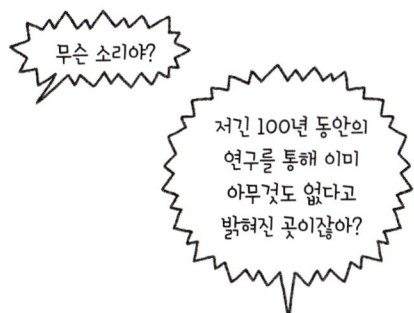

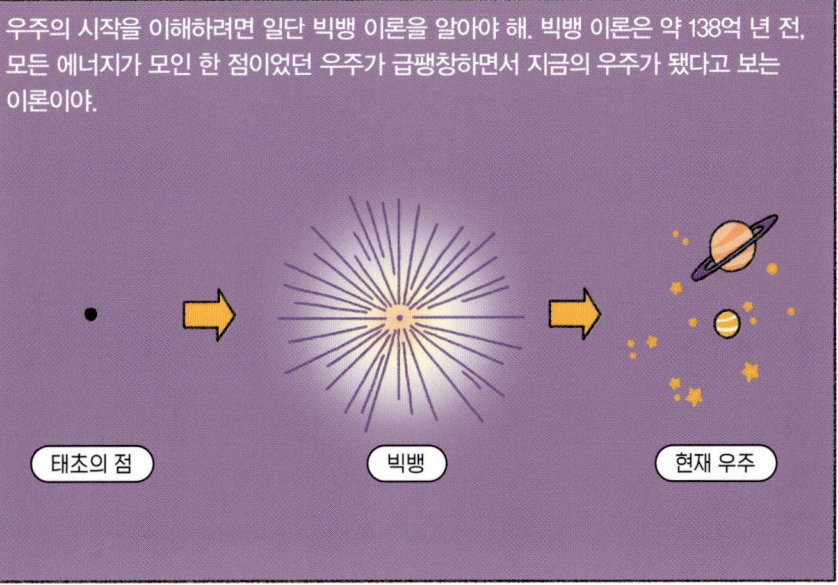

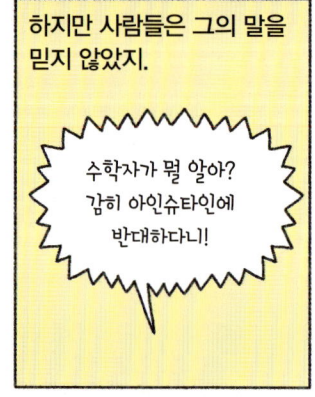

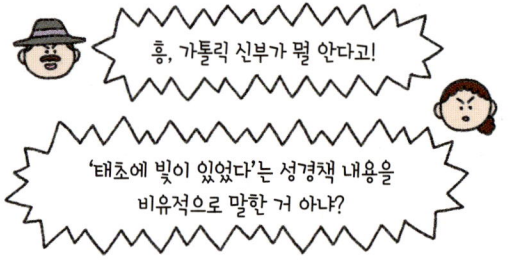

르메트르는 직접 관측한 자료를 우주 팽창론의 근거로 제시했는데, 그것이 바로 '적색 편이'다. 적색 편이는 먼 곳에 있는 별의 빛의 파장이 늘어나 붉게 보이는 현상으로, 멀리 있는 은하들일수록 점점 붉은색으로 변하는 현상이다. 즉 은하들이 품고 있는 우주 공간이 팽창하며 모든 은하들이 점점 멀어지는 증거라고 할 수 있다.

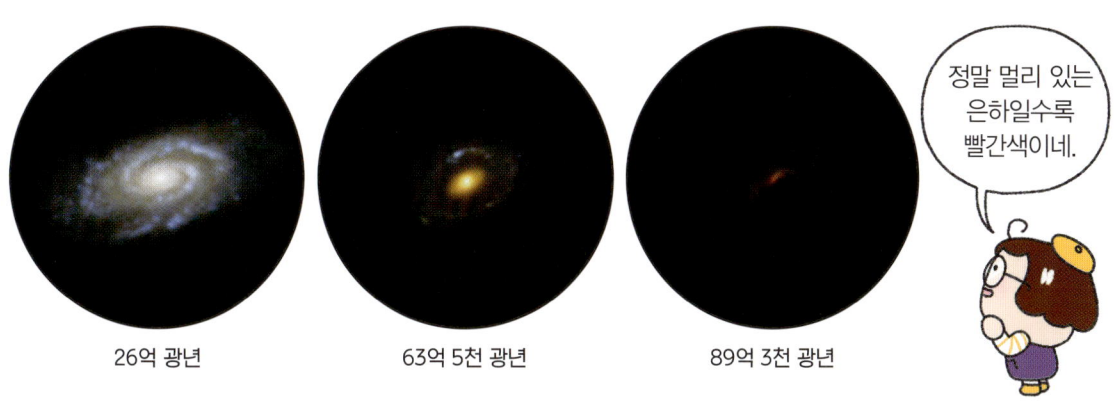

26억 광년 · 63억 5천 광년 · 89억 3천 광년

정말 멀리 있는 은하일수록 빨간색이네.

1929년 미국 천문학자였던 에드윈 허블이 르메트르가 발견한 것보다 더 많은 적색 편이를 관측하자,

내 말이 맞지?

적색 편이를 확인한 아인슈타인은 결국 자신의 오류를 인정했어.

내가 실수했네.

큭큭.

우주가 팽창하며 은하들이 멀어진다는 건 다음 실험으로도 알 수 있어.

팽창 우주의 원리를 알아보는 실험

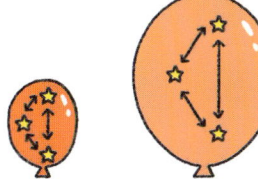

1. 풍선(초기 우주)에 스티커(은하)를 적당한 간격으로 붙여준다.

2. 풍선을 입으로 힘껏 분다.

3. 풍선이 팽창할수록 스티커들 사이의 거리가 점점 멀어지는 걸 확인한다.

이 실험을 통해 멀리 떨어진 은하일수록 더 빨리 멀어진다는 걸 확인할 수 있어. 이건 곧 우주가 팽창한다는 증거지.

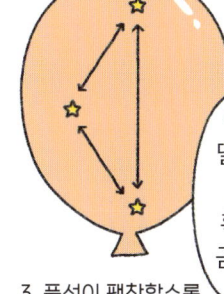

빅뱅의 흔적

이젠 다들 팽창 우주론을 믿었겠네?

너무 허황된 이야기라며 믿지 않는 사람이 많았지.

결국 프리드만의 제자 중 조지 가모프라는 사람이 혼자 연구를 이어 갔어.

조지 가모프는 초기 우주는 현재와 달리 뜨거웠을 것이라고 생각했다. 또한 빅뱅 이후 우주가 팽창하며 퍼진 빛의 흔적이 전파의 형태로 우주에 남아 있으며 그 온도는 영하 268도일 것으로 예측했다. 하지만 이걸 밝혀내는 건 1948년 당시 관측 기술로는 불가능했다.

16년 후인 1964년, 미국에서 최초로 전화기를 발명해 큰돈을 번 알렉산더 그레이엄 벨의 연구소에서 두 명의 천문학자가 연구를 시작해.

자네들 하고 싶은 연구를 해 보게.

벨

바로 윌슨과 펜지어스야.

어느 날, 두 사람은 전파 신호를 잡는 전파 망원경에서 우주로부터 온 이상한 전파 잡음을 수신해.

온 사방에서 똑같은 전파가 잡히는데 이게 뭐지?

그리고 이 잡음이 가모프가 예측한 빅뱅의 흔적임을 알게 되지.

이 전파는 영하 270도의 빛 에너지야!

옛날에 가모프가 영하 268도의 빛 에너지가 우주 어딘가에 있을 거라고 했는데…!

윌슨과 펜지어스가 발견한 전파가 바로 최초의 '우주 배경 복사'이다.
우주 배경 복사란 우주 전체에 남아 있는 빅뱅의 잔열, 우주 공간의 배경을 이루는 빛 에너지를 뜻한다.
이처럼 우주 배경 복사, 즉 빅뱅의 흔적이 발견됨으로써 팽창 우주설과 빅뱅 이론이 드디어 모두에게
인정받게 되었다. 이 발견 덕분에 두 사람은 1978년 노벨 물리학상을 수상했다.

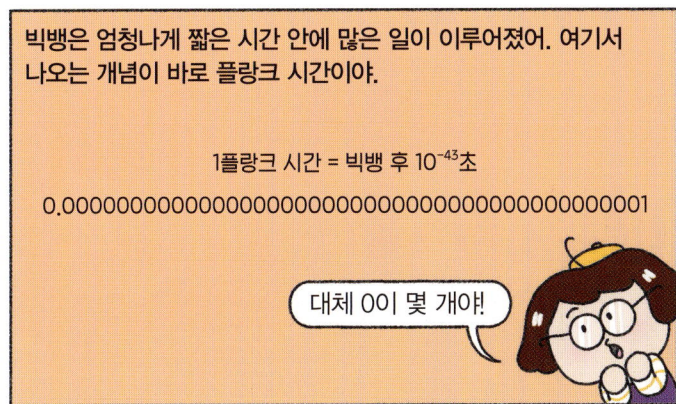

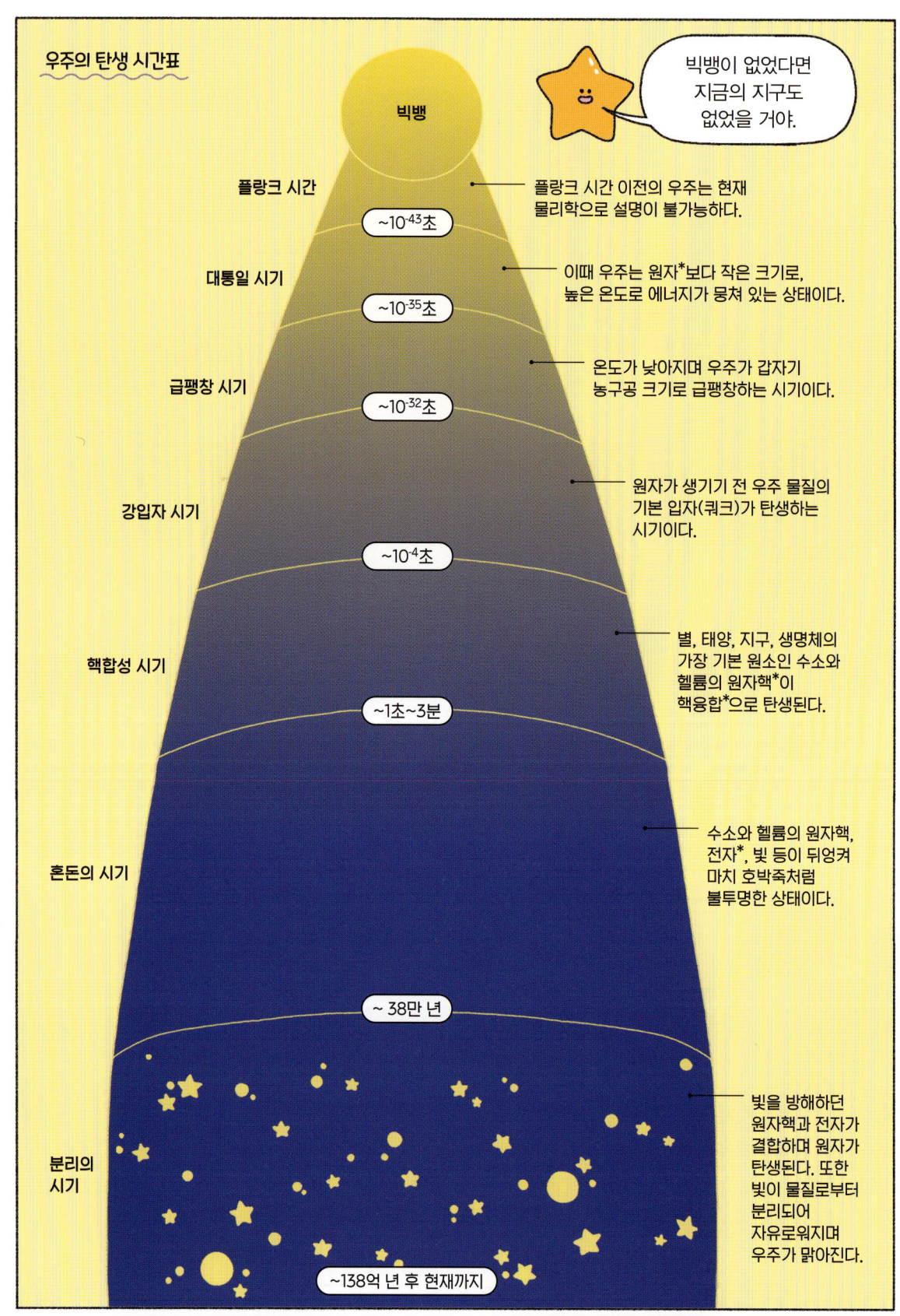

이게 바로 빅뱅의 흔적이자 초기 우주의 상태를 알려 준 우주 배경 복사야. 우주 배경 복사 에너지는 우주 전체에 약 영하 270도의 동일한 온도로 깔려 있어.

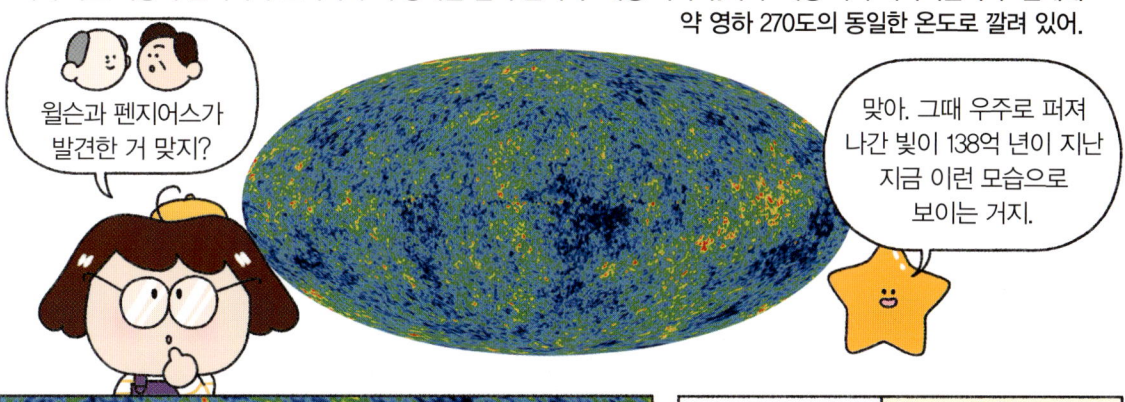

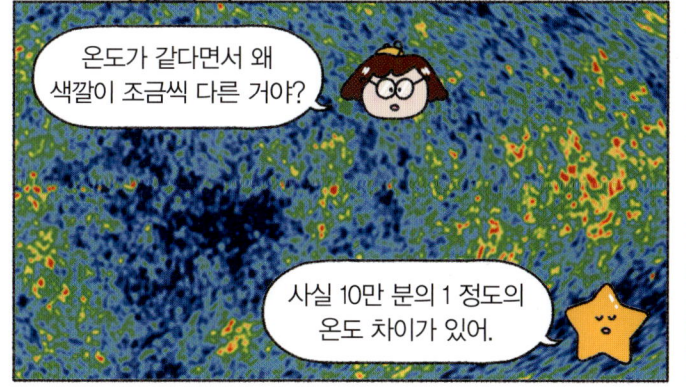

온도, 밀도, 중력은 서로 밀접한 관련이 있다. 빅뱅 이후 처음에는 우주에 물질이 고르게 뿌려졌지만, 조금씩 밀도의 차이가 생기고, 밀도가 높은 곳에서는 중력이 크게 작용해 물질을 끌어당기고, 밀도가 낮은 지역은 물질을 빼앗겼다. 이런 일이 138억 년 동안 계속되자, 물질들이 계속 이동하며 현재의 우주와 비슷한 모습이 되었다. 그리고 이 밀도의 차이가 온도의 차이로 보이는 것이다. (온도가 높은 곳은 밀도가 높은 곳이고, 온도가 낮은 곳은 밀도가 낮은 곳이다.)

*밀도: 물질의 양이 일정한 공간에 차지하는 정도로, 물질의 양이 많으면 밀도가 높아지고, 적으면 밀도가 낮아짐

10만 분의 1의 밀도 차이를 주고 중력 조건만 입력한 후 슈퍼 컴퓨터로 시뮬레이션한 결과, 현재 우주와 비슷한 모습을 만들어 낼 수 있었어.

은하와 별의 탄생

우주 배경 복사 덕에 빅뱅 이론도 증명됐으니, 은하 탄생의 비밀도 여기에서 풀어 볼까?

하지만 빅뱅 이론을 증명했던 중력 조건만으로는 은하의 탄생을 계산할 수가 없었지. 그래서 과학자들은 4800대의 슈퍼 컴퓨터를 이용해 3년 동안 엄청나게 복잡한 계산을 했어.

유체역학　천체물리학　중력이론

슈퍼 컴퓨터 덕분에 과학자들은 은하가 탄생하는 모습도 살펴볼 수 있었어.

실제 나선 은하랑 똑같은 나선 은하를 시뮬레이션으로 만들었어!

10만 분의 1의 차이가 아주 중요한 거였네.

그럼. 차이가 너무 컸거나 너무 작았다면 이 우주가 없었을지도 몰라.

나선 은하 속에서 별이 만들어지는 곳을 한번 볼까?

별이 보여!

상대적으로 푸른빛을 띠며 기체들이 몽글몽글 뭉친 지역이 있는데, 이곳에서 별이 탄생해.

응애응애!

이곳에서는 별들의 무리인 '성단'을 볼 수 있지.

우린 같은 분자 구름에서 태어나 나이가 거의 같은 수천 개의 별 집단이야.

이렇게 태어나는 별들이 우리 은하에만 1000억 개 이상지.

우주의 다른 생명체

우리은하 안에 교신이 가능한 지적 외계 생명체 문명의 수를 계산하는 방정식이 있어. 바로 '드레이크 방정식'이지.

N = 우리은하 내 교신 가능한 지적 외계 생명체 문명의 수
R^* = 우리은하 내에서 1년 동안 탄생하는 항성의 수
fp = 위의 항성들이 행성을 가지고 있을 확률
ne = 항성에 속한 행성들 중에 생명체가 살 수 있는 행성의 수
fl = 위 조건을 만족한 행성에서 생명체가 발생할 확률
fi = 발생한 생명체가 지적 문명으로 진화할 확률
fc = 발생한 지적 문명이 탐지 가능한 신호를 보낼 수 있을 정도로 발전할 확률
L = 위의 조건을 만족한 지적 문명이 존재할 수 있는 시간

$$N = R^* \times fp \times ne \times fl \times fi \times fc \times L$$

프랭크 드레이크

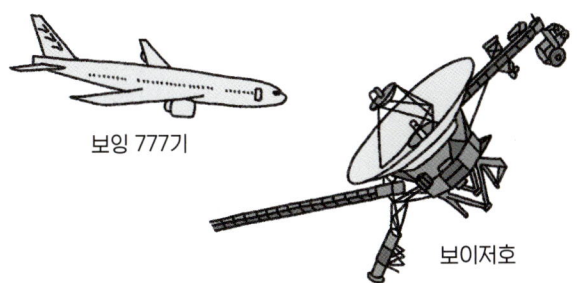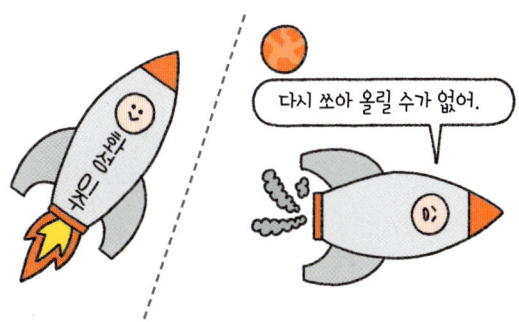

학년   반   번 이름:

생각의 차이를 만드는 지식 교양서, **차이나는 클라스**
01 세상을 보는 관점을 넓히는 질문 Why

기획 JTBC 〈차이나는 클라스〉 제작진
글 김정욱 | 그림 미늉킴

 첫 번째 Why **지나간 역사를 배워야 하나요?**

1. 프랑스 혁명 때 활약한 계급으로, 평민 신흥 부자의 다른 이름은?

2. 동학 농민 운동이 조직적으로 움직일 수 있었던 배경에 있던 사상은?

3. 일제 강점기 나라의 빚을 갚기 위해 민중들이 자발적으로 벌인 운동의 이름은?

생각의 차이를 만드는 지식 교양서, **차이나는 클라스**
01 세상을 보는 관점을 넓히는 질문 Why

두 번째 Why 보이지 않는 미지의 영역을 연구하나요?

1. 태양과 지구의 차이점은?

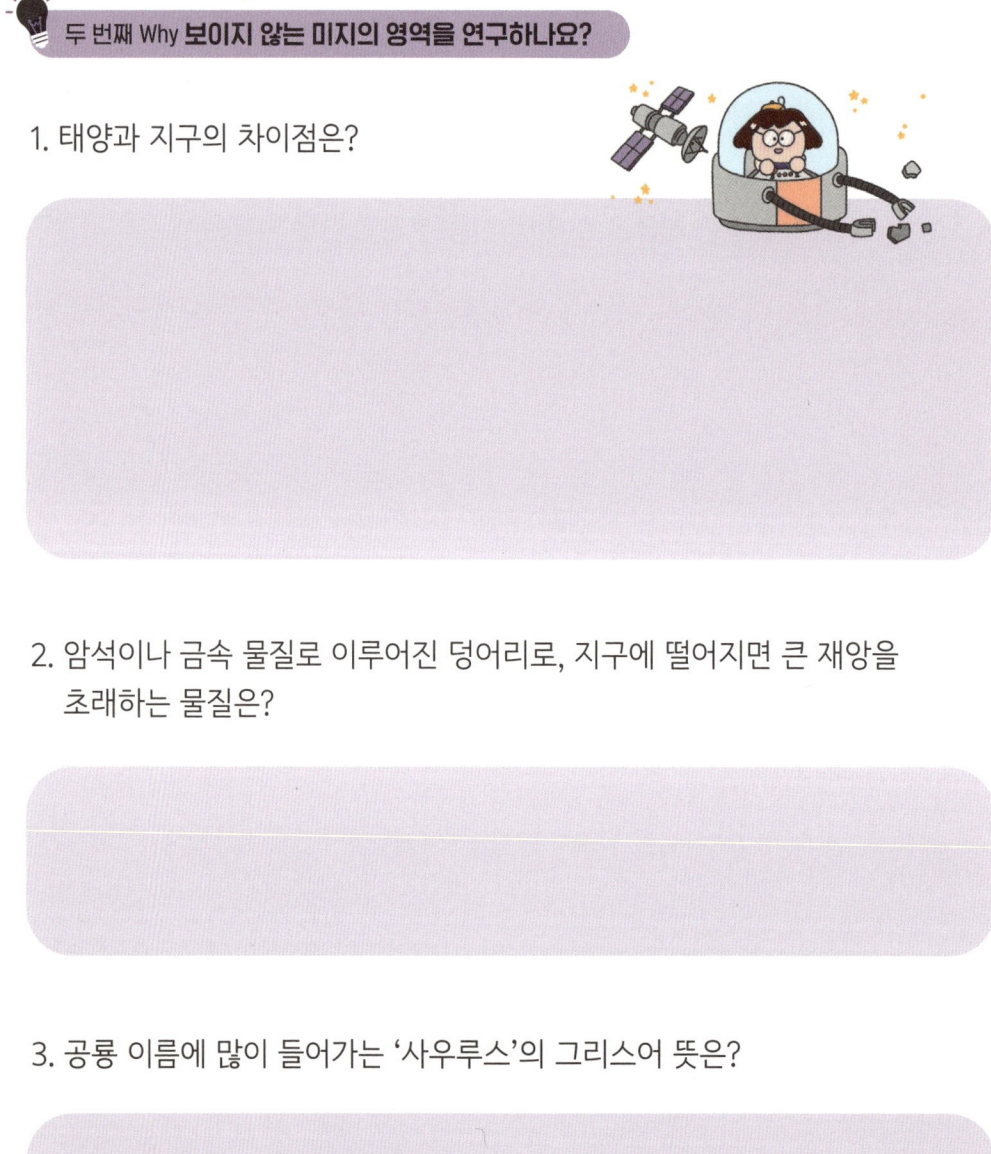

2. 암석이나 금속 물질로 이루어진 덩어리로, 지구에 떨어지면 큰 재앙을 초래하는 물질은?

3. 공룡 이름에 많이 들어가는 '사우루스'의 그리스어 뜻은?

 세 번째 Why 인간은 이야기를 만들어 내나요?

1. 올림포스 12신들의 이름은?

2. 크레타 섬의 기술자 다이달로스의 아들로, 불가능에 도전하는 인간의 상징이 된 인물은?

3. 물고기와 물의 관계라는 뜻으로, 유비와 제갈량의 떼려야 뗄 수 없는 관계를 의미하는 고사성어는?

 네 번째 Why 인간은 계속 질문하나요?

1. 《국가론》이라는 책에서 인간을 '동굴에 갇힌 존재'에 비유한 철학자는?

2. 국가 권력이 어느 한 곳에 집중되는 것을 막기 위해, 입법부, 사법부, 행정부로 국가의 권력을 나누는 것을 의미하는 단어는?

 정답

첫 번째 Why 1. 아르콘이다 2. 올림픽 경기 3. 보게 되어 좋아

두 번째 Why 1. 태어난 곳은 스스로 정할 수 없기 때문에 '밥(운영)'이라고, 지구가 스스로 움직이지 못하는 '밥(운영)'이다 2. 수명성 3. 드라마

세 번째 Why 1. 제우스, 헤라, 포세이돈, 아레스, 아프로디테, 굴림포스, 헤르메스, 아테나, 디오니소스, 아르테미스, 데메테르, 아폴론이다, 헤파이스토스, 헤르메스 2. 아가멤논 3. 수아킬레

네 번째 Why 1. 플라톤 2. 삼권 분립

더 많은 독후 활동지는 아이세움 네이버 카페(https://cafe.naver.com/iseum)에서 만나 보실 수 있습니다.

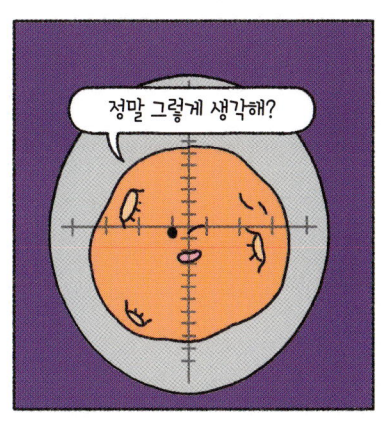

지구를 위협하는 소행성

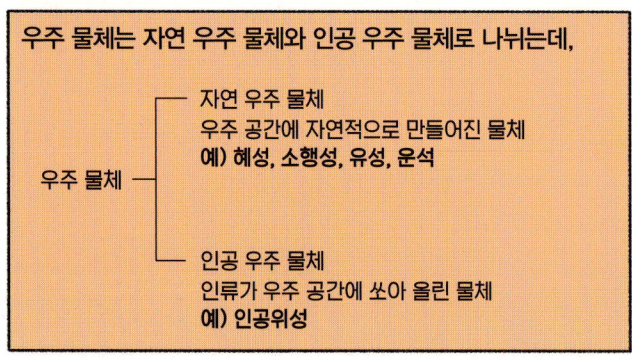

우주 물체는 자연 우주 물체와 인공 우주 물체로 나뉘는데,

우주 물체 ─ 자연 우주 물체
우주 공간에 자연적으로 만들어진 물체
예) 혜성, 소행성, 유성, 운석

─ 인공 우주 물체
인류가 우주 공간에 쏘아 올린 물체
예) 인공위성

자연 우주 물체 중 가장 위험한 건 소행성이야.

호호!
지구
가까이 오지 마!

이 외에도 혜성, 유성, 운석이 지구를 위협하는 자연 우주 물체지.

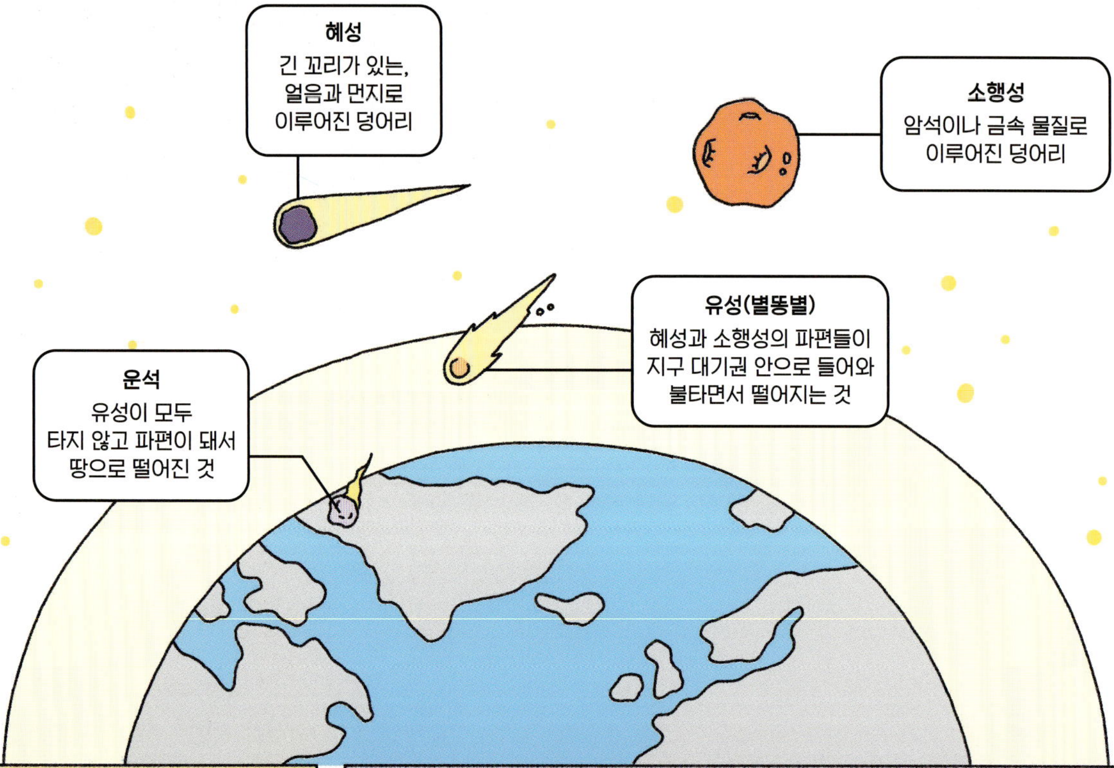

혜성
긴 꼬리가 있는, 얼음과 먼지로 이루어진 덩어리

소행성
암석이나 금속 물질로 이루어진 덩어리

유성(별똥별)
혜성과 소행성의 파편들이 지구 대기권 안으로 들어와 불타면서 떨어지는 것

운석
유성이 모두 타지 않고 파편이 돼서 땅으로 떨어진 것

그래 봤자 돌덩이인데 잘 피하면 되지 않을까?

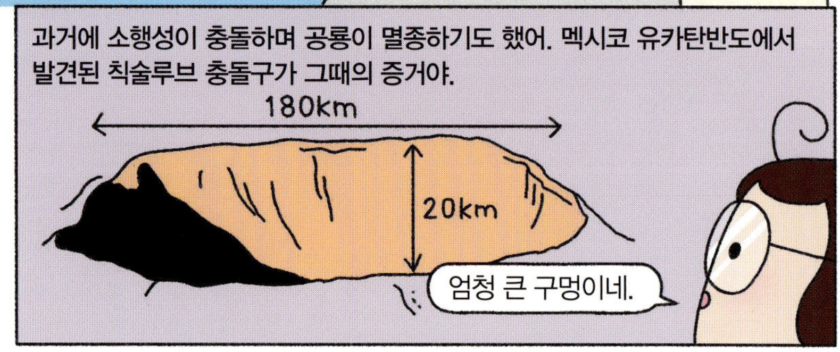

과거에 소행성이 충돌하며 공룡이 멸종하기도 했어. 멕시코 유카탄반도에서 발견된 칙술루브 충돌구가 그때의 증거야.

180km
20km

엄청 큰 구멍이네.

6600만 년 전 충돌 당시 수소 폭탄 1억 개 이상을 동시에 터뜨린 것과 맞먹는 충격이 발생했을 거라 추측돼.

이로 인해 지구의 환경이 급격히 나빠지며 먹이 사슬이 붕괴되고, 몇만 년 사이에 공룡을 포함한 생물종의 약 75%가 멸종했어.

이것 말고도 다양한 충돌 흔적이 전 세계에 굉장히 많아.

경남 합천 충돌구

사하라 사막 테누머 충돌구

아직 발견 안 된 충돌구도 많을 거야. 흙이 쌓이거나 바람 등으로 변형되어서 모를 수도 있고.

지금도 충돌 가능성이 있는 거 아니야?

미국 애리조나주 베린저 충돌구

2013년에는 러시아 첼랴빈스크 상공에서 소행성이 폭발해서 7000여 채의 건물이 파손되고 1600여 명이 부상을 입기도 했어.

이때 떨어진 소행성의 크기는 고작 지름 17m에 불과했지.

그렇게 큰 소행성이 아닌데도 피해가 크네.

자연 우주 물체의 크기에 따른 위험도

10m	30m	140m	300m	1km	10km
건물 파손	도시 파괴	국가 초토화	대륙 초토화	전 지구 기후 변화	대량 멸종

지름 140m 이상부터 '지구 위협 소행성'으로 간주해.

우주 물체는 거의 매일 지구와 충돌하고 있어. 하루에만 약 100톤 정도의 유성이 지구로 떨어지거든.

대부분은 대기권에서 타 버려서 모를 뿐이야.

떨어지면 국가 하나를 없앨 정도의 파괴력을 지닌, 지름이 140m 이상이고 지구와의 거리가 750만km 이내인 소행성을 지구 위협 소행성이라고 한다. 한 달 동안 무려 약 2200여 개의 지구 위협 소행성이 지구 주변을 지나가고 있다. 그중 지름 1km 이상인 소행성은 158개나 된다.

현재 지구와 충돌할 가능성이 있는 소행성은 다음과 같아.

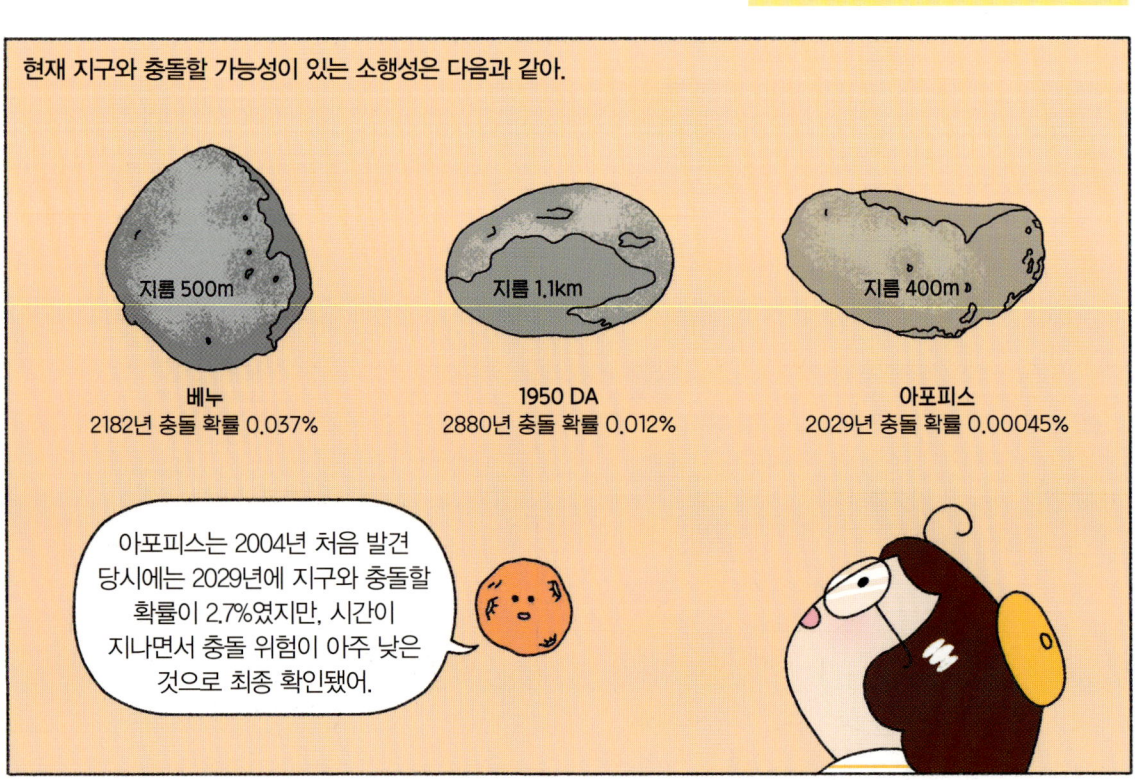

지름 500m
베누
2182년 충돌 확률 0.037%

지름 1.1km
1950 DA
2880년 충돌 확률 0.012%

지름 400m
아포피스
2029년 충돌 확률 0.00045%

아포피스는 2004년 처음 발견 당시에는 2029년에 지구와 충돌할 확률이 2.7%였지만, 시간이 지나면서 충돌 위험이 아주 낮은 것으로 최종 확인됐어.

실제로 미국 항공 우주국에서는 2022년 9월 '다트'라는 우주선을 소행성 '디디모스' 옆에 있는 위성인 '디모르포스'와 충돌시키는 실험을 해서 소행성의 궤도를 바꾸는 데 성공했지.

또 대처할 시간이 촉박하거나 에너지가 많이 필요할 때는 인류가 만든 가장 큰 에너지인 핵폭탄을 사용하는 방법도 있어.

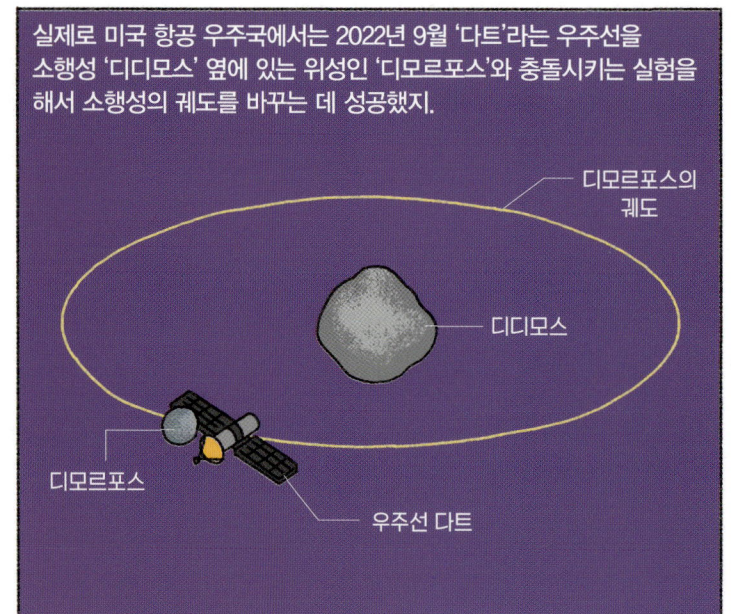

소행성에 대처하는 방법 중에는 지구에서 핵폭탄을 발사해 소행성을 직접 폭파하거나 주변에 핵폭탄을 터트려서 그 힘으로 밀어내는 방법도 있다. 가상 실험 결과 99.9%의 성공률을 보였으며, 우주에서는 핵을 터트려도 워낙 거리가 멀어서 지구에 직접적 피해가 없을 것으로 예상된다. 하지만 예상하지 못한 돌발 상황이 생겼을 경우 책임을 누가 질 것인지에 대한 문제가 생길 수 있다.

6개월 전에만 소행성을 발견해도 기술적으로는 대처할 수 있지만 여러 나라의 이해관계 때문에 실제로 이 방법들을 쓰려면 3년 정도의 논의 시간이 필요해.

그래서 지구 위협 소행성이 나타나면 어떻게 알려야 할지에 대해 2년에 한 번씩 '행성 방위 학회'를 열어 고민하고 있어.

늘어나는 우주 쓰레기

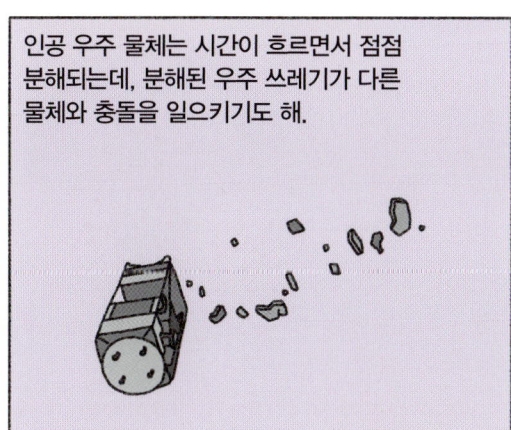

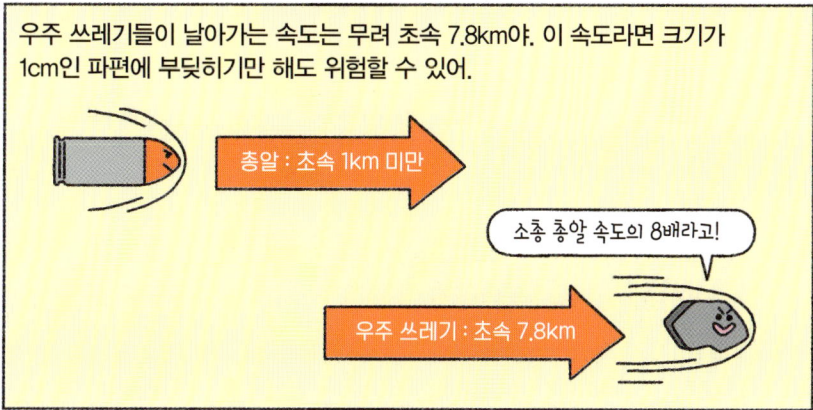

2009년에 고장 난 채 우주를 떠다니던 러시아 인공위성 코스모스 2251호와 미국 인공위성 이리듐 33호가 충돌하는 사건이 발생하여 주변의 인공위성들을 위협하기도 했다. 이 충돌 때문에 우주 쓰레기 파편이 수천 개 발생했는데, 이 사건을 계기로 우주 쓰레기에 대한 문제를 심각하게 인지하게 되었다.

또한 우주 쓰레기는 소행성과 마찬가지로 지구에 추락할 위험이 있어.

실제로 2018년, 중국에서 만든 우주 정거장 톈궁 1호가 고장으로 추락했는데,

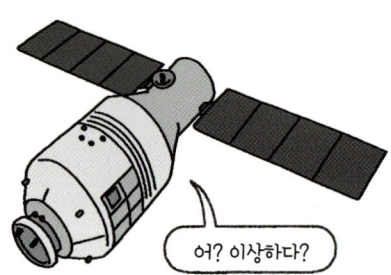

우리가 일상에서 사용하는 많은 것들이 인공위성을 이용하기 때문에 우주 쓰레기로 인해 인공위성에 손상이 일어나면 사회 전체가 멈춰 버릴 수 있어.

우주 쓰레기로 인한 문제를 해결하기 위해 과학자들은 여러 노력을 기울이고 있다. 국제 연합(UN)에 1959년 설립된 '우주 공간 평화적 이용 위원회(UNCOPUOS)'에서는 무분별한 우주 탐사 및 개발을 제한하고 우주 환경 보호를 위한 협약, 우주 쓰레기를 줄이는 방안 등을 내놓고 있다. 또 수명이 다한 인공위성을 사람들이 잘 사용하지 않는 궤도로 밀어 놓아 사고를 예방하기도 한다.

우주를 청소하는 방법으로는 다음과 같은 것들이 있지.

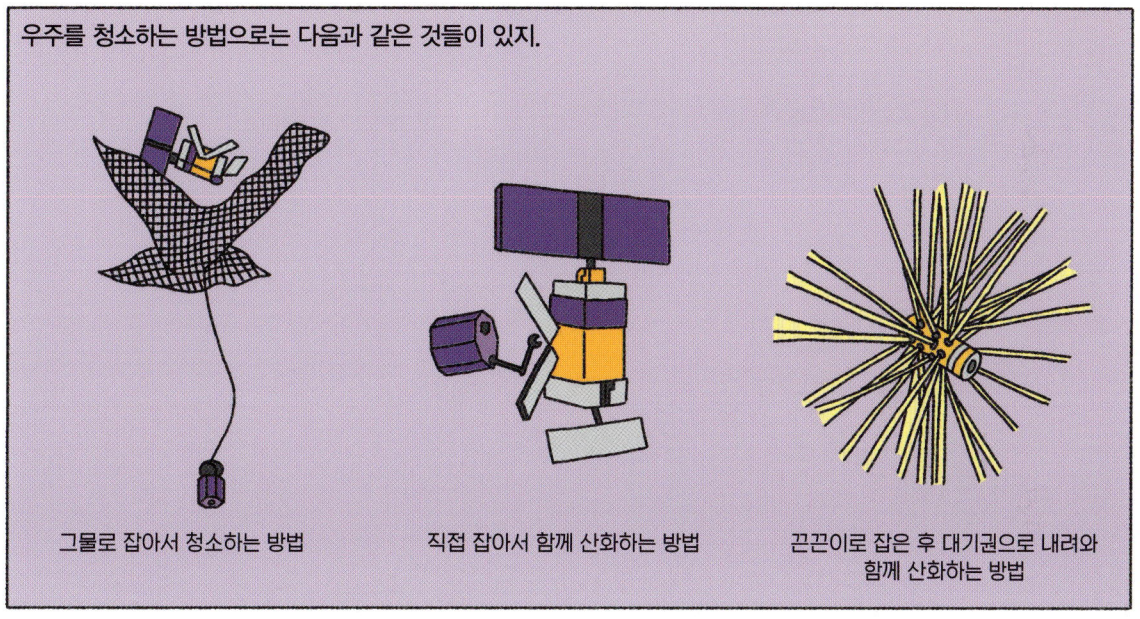

그물로 잡아서 청소하는 방법 | 직접 잡아서 함께 산화하는 방법 | 끈끈이로 잡은 후 대기권으로 내려와 함께 산화하는 방법

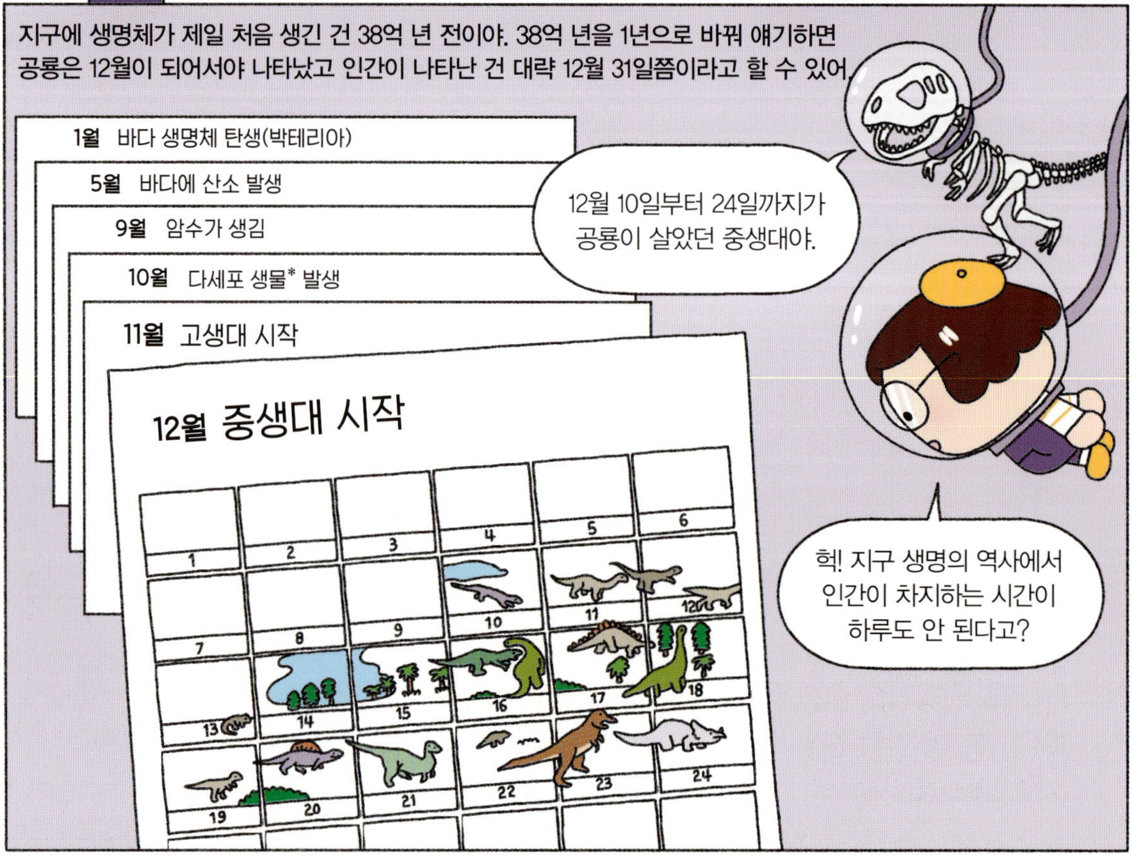

공룡의 전성 시대인 중생대는 다시 트라이아스기, 쥐라기, 백악기 이렇게 셋으로 나뉘어.

트라이아스기는 고생대 양서류와 초기 포유류, 초기 공룡들이 경쟁하던 시기로, 이들은 2000만 년 동안 경쟁하다가 결국 공룡이 전성 시대를 열었다. 쥐라기부터는 공룡들이 거대하게 진화하면서 본격적으로 생태계를 독점하였고, 백악기에는 더 다양하게 진화하며 공룡은 1억 6000만 년 동안 지구를 지배하게 된다.

중생대인 2억 4500만 년 전부터 6500만 년 전까지는 우리가 지구의 주인이었지.

각 시기를 대표하는 공룡으로는 트라이아스기의 코엘로피시스와 고지라사우루스, 쥐라기의 브라키오사우루스와 스테고사우루스, 백악기의 트리케라톱스와 티라노사우루스가 있어.

트라이아스기

코엘로피시스

고지라사우루스

쥐라기

브라키오사우루스

스테고사우루스

백악기

트리케라톱스

티라노사우루스

잠깐! 영화 〈쥬라기 월드〉*의 주인공 티라노사우루스가 백악기 공룡이라고?

그래. 나 티라노사우루스는 백악기 시대의 공룡이야.

*영화 제목은 〈쥬라기 월드〉지만, 실제 시기의 이름은 '쥐라기'입니다

공룡의 진짜 모습

300여 년 전만 해도 사람들은 공룡에 대해 전혀 몰랐어. 1676년 영국에서 정체를 알 수 없는 거대한 뼈가 발견되었을 때, 옥스퍼드대 교수 로버트 플롯은 이렇게 말했지.

"이건 노아의 홍수 때 묻힌 거인의 뼈입니다."

이 뼈가 메갈로사우루스의 대퇴골이라는 사실이 밝혀진 건 무려 147년 뒤야.

또한 의사이자 아마추어 고생물학자 기드온 맨텔은 이빨처럼 생긴 화석을 보고 오랜 고민 끝에 그 뼈가 코뿔소의 뿔 같은 역할을 했을 거라고 생각했지.

"그래! 여기가 좋겠어."

그리고 1825년 영국 왕립 학회에서 이구아노돈에 대해 발표해.

"'이구아나의 이빨을 닮은 뼈'라는 뜻이죠."

그런데 1878년 벨기에에서 이구아노돈의 완벽한 뼈가 발견되면서, 뿔이라고 생각했던 뼈가 사실 엄지손가락이었다는 걸 알게 돼.

"툭 튀어나온 내 엄지손가락을 뿔로 오해했나 보네."

과거에는 멸종된 동물의 단서를 현재 살아 있는 동물에서 찾다 보니, 실제 모습과 차이가 많이 났다. 화석이 있다 하더라도, 화석만 가지고 본 적 없는 존재를 만드는 건 쉽지 않은 일이었다. 그래서 상상으로 공룡의 모습을 만드는 경우가 많았으며, 공룡을 복원할 때는 악어나 도마뱀을 많이 참고했다.

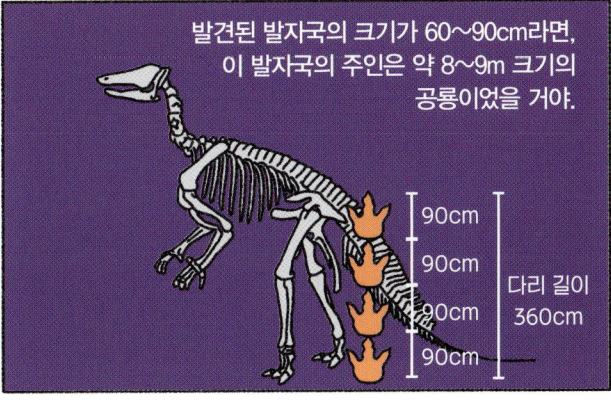

발자국을 통해 공룡의 생활을 엿볼 수도 있어.

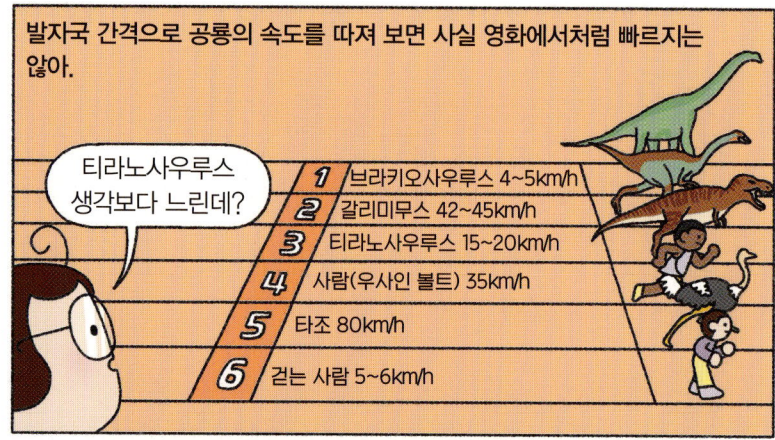

발자국 간격으로 공룡의 속도를 따져 보면 사실 영화에서처럼 빠르지는 않아.

티라노사우루스 생각보다 느린데?

1. 브라키오사우루스 4~5km/h
2. 갈리미무스 42~45km/h
3. 티라노사우루스 15~20km/h
4. 사람(우사인 볼트) 35km/h
5. 타조 80km/h
6. 걷는 사람 5~6km/h

우리나라에서 발자국 말고 진짜 공룡 뼈가 발견된 적은 없어?

물론 있어.

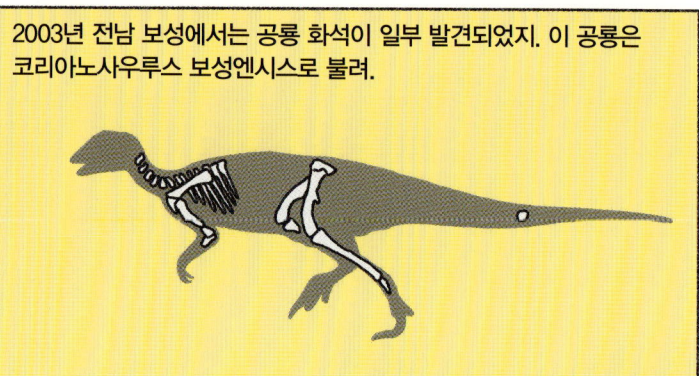

2003년 전남 보성에서는 공룡 화석이 일부 발견되었지. 이 공룡은 코리아노사우루스 보성엔시스로 불려.

이외에도 2001년 2월 하동에서 목 긴 초식 공룡 화석이, 2011년 화성에서 거대한 꼬리를 가진 뿔공룡 화석이 발견되기도 했어.

안녕, 내 이름은 부경고사우루스 밀레니움아이야.

난 코리아케라톱스 화성엔시스라고 해.

우리나라 이름을 딴 공룡이라니, 신기하네!

한반도에서 발견된 또 다른 공룡 화석으로는 공룡 알이 있어.

지름이 40~44cm나 되네!

목포 압해도에서 발견된 알둥지 화석이야.

재미있는 건 공룡 알의 모양이나 껍질에 따라 육식 공룡과 초식 공룡을 구분할 수 있다는 사실이야.

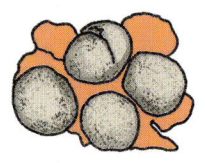

초식 공룡 알   육식 공룡 알

공룡의 분류

공룡을 구분하는 방법 중 하나는 발 모양이야.

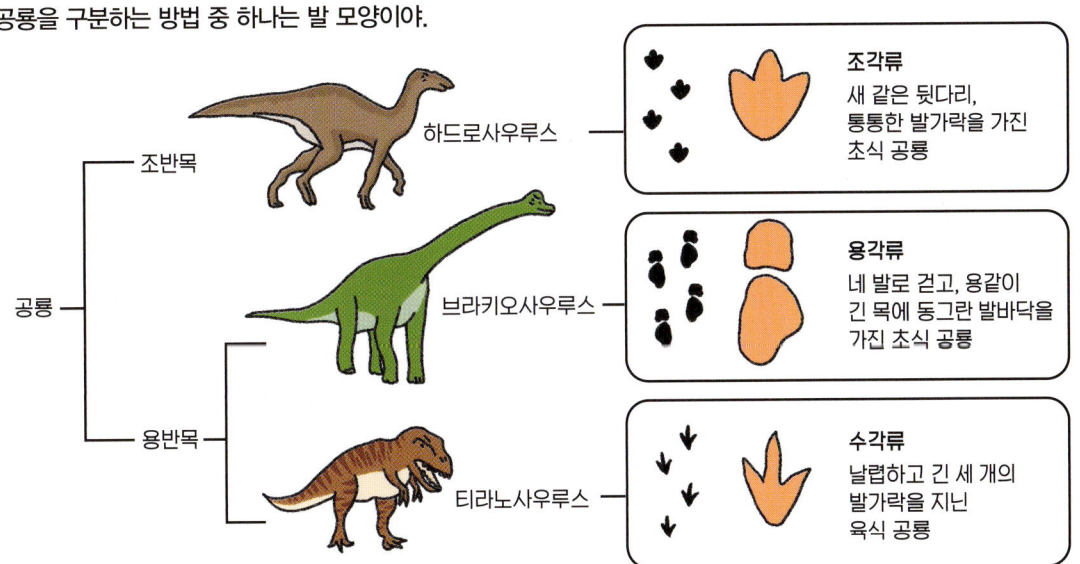

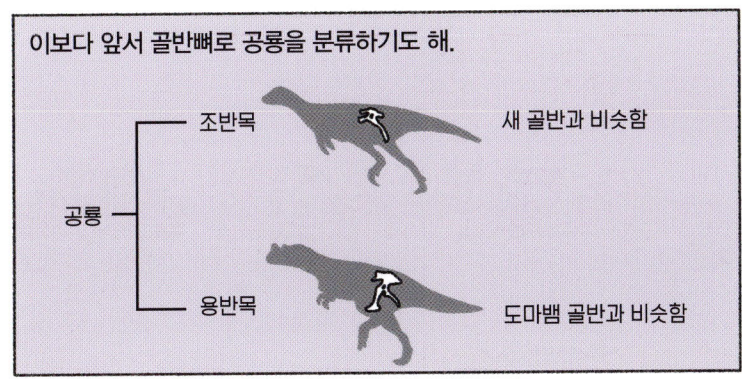

익룡과 어룡은 공룡이 아니야.

공룡은 중생대에 살았으며, 땅에 있던 파충류로서 다리가 몸통 아래로 뻗어야 한다는 조건이 있다. 하지만 하늘을 나는 파충류인 익룡이나 바다에 살던 파충류인 어룡은 이 조건에 해당하지 않기 때문에 공룡이라고 부르지 않는다.

그럼 익룡이 진화해서 새가 된 게 아니야?

응. 익룡은 백악기 말에 모두 멸종했어.

학계에서는 깃털을 지닌 공룡(수각류)이 새로 진화했다고 보고 있다. 그 증거는 다음과 같다.

1. 새와 공룡만이 두 발 보행이 가능하다.
2. 자유로운 앞발이 날개로 진화하였다.
3. 공룡 목뼈, 척추의 기공이 새의 기낭으로 진화하였다.

모든 공룡이 새로 진화하진 않았지만, 모든 새는 공룡으로부터 왔다고 할 수 있어.

우리 조상님이야.

공룡이 파충류인가 조류인가 하는 점은 여전히 고민거리야. 일부에서는 '공룡류'라는 걸 새로 만들자는 얘기도 있어.

한때 지구의 주인이었지만 지금은 사라져 버린 공룡.

공룡 여기 잠들다

비록 그들은 멸종했지만 다양한 새로 진화해 여전히 우리 곁에 살아 있어.

앞으로도 공룡에 대해 관심을 갖고 연구를 해 나간다면 분명 공룡에 대한 새로운 것들을 알아낼 수 있겠네.

과학이 발전하다 보면 언젠가는 진짜 공룡을 다시 만들어 낼 수 있는 날이 올지도?

'내가 만약 가치 있는 발견을
했다면, 다른 능력이 있어서라기보다는
참을성 있게 관찰했기 때문이다.'
과학자 아이작 뉴턴의 말이야.
평소에 눈여겨보지 않았던 무언가를
오늘부터 관찰해 보는 건 어떨까?

'그리스 로마 신화', '삼국지', '콩쥐 팥쥐', '선녀와 나무꾼' 등은
전해졌던 시기와 국가는 다 다르지만, 오랫동안 사랑받아 온 **옛날이야기**들입니다.
이야기를 만들고, 전달하고, 여기에서 교훈을 얻는 것은 인간의 본능입니다.
세상에 존재하지 않는, 하지만 존재할 법한 인물들의 이야기를 입에서 입으로
전하는 일이 수백, 수천 년간 지속된 것은 인간이 이야기를 통해 **감정**을 느끼고
생각하고 **관계**를 맺는 동물이라는 증거이기도 합니다.

옛날이야기들은 문학과 예술, 철학 등 **문화의 뿌리**가 되며,
이를 통해 우리는 인간이 무엇을 추구하는지, 어떻게 말하고 행동하는지 등
넓은 세상 속 **다양한 인간의 모습**과 **가치관**을 엿볼 수 있습니다.

하지만 삶의 이치나 오랜 철학이 담긴 옛날이야기를 외면한다면,
선조들의 지혜는 더 이상 전달되지 않겠지요.
오늘은 재미난 옛날이야기를 읽어 보며 그 속에 든 교훈과 지혜를 얻고,
마음속 깊이 품어 왔던 **질문에 대한 해답**을 찾아보는 것이 어떨까요?

WHY? 인간은 이야기를 만들어 내나요?

첫 번째 강의 **그리스 로마 신화 1**
두 번째 강의 **그리스 로마 신화 2**
세 번째 강의 **삼국지 1**
네 번째 강의 **삼국지 2**
다섯 번째 강의 **옛날이야기**

첫 번째 강의
그리스 로마 신화 1

시리얼, 곡식의 여신 데메테르의 로마식 표기 케레스(ceres)에서 유래.

나르시시즘, 자기 자신을 사랑하는 일을 의미하는 정신 의학 용어로 자신과 사랑에 빠진 나르키소스의 일화에서 유래.

패닉, 목축과 수렵의 신 판(pan)에서 유래.

"이 모든 용어가 그리스 로마 신화에서 나왔다니…. 신화에서 유래한 용어가 왜 이렇게 많은 걸까?"

"그 이유는 그리스 로마 신화가 서양인들의 생활 전반에 깔려 있기 때문이야."

"그래서 그리스 로마 신화를 알면 서양 문화를 이해하는 데 큰 도움이 되지."

그리스 로마 신화의 특징 중 하나는 모든 것을 신과 연결하는 거야.

"졸려."
"잠의 신이 온 모양이네."
"너무 슬퍼."
"슬픔의 신이 널 벌하는 거야."

그리스 사람들은 인간이 통제하거나 감당할 수 없는 일을 신이 담당한다고 여겼다. 특히 그리스 로마 신화는 다른 신화와 달리 감정까지 신과 연결해 설명했다.

세상의 시작

뮤즈는 최고신 제우스와 기억의 여신인 므네모시네 사이에서 태어난 자식들로, 이 두 신의 결합은 '영원한 기억'을 의미한다. 문자가 없어 기록이 어려웠던 고대에는 무언가를 기억하기 위한 방법으로 '운율'과 '리듬'을 사용했다. 이게 바로 즉 뮤즈의 능력인 '뮤직(음악)'이다.

텅 빈 카오스에 제일 먼저 '가이아'가 생겼어. 그 다음에는 '에로스'가 만들어졌고, '에레보스'와 '닉스'가 태어났지. 에레보스와 닉스가 만나 '아이테르'와 '헤메라'가 태어났어. 이후 가이아가 '우라노스', '폰토스', '우레아'를 낳으며 세상의 토대가 갖춰졌지.

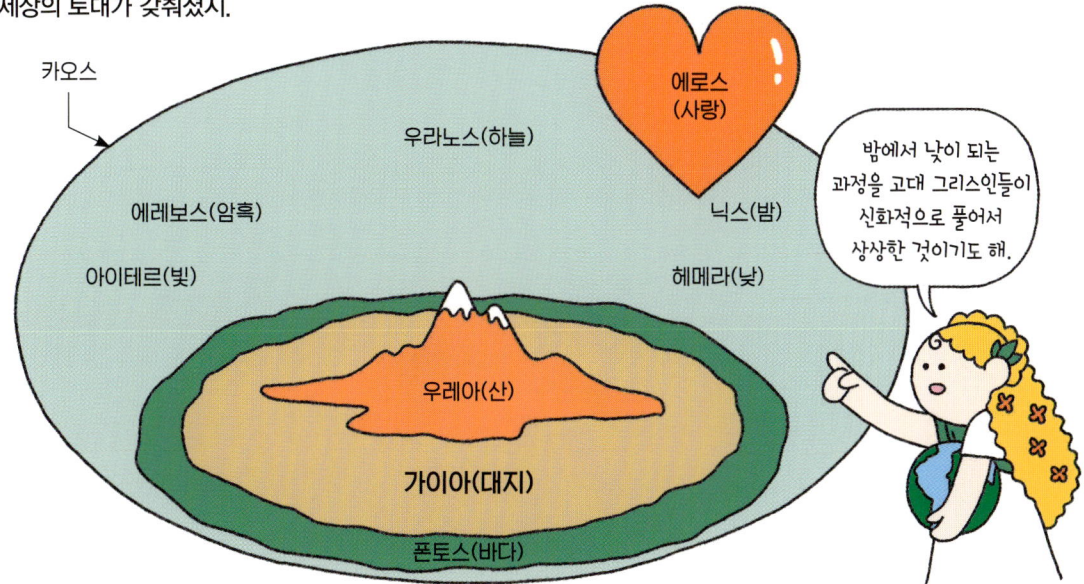

이렇게 가이아(대지)와 우라노스(하늘)의 결합으로 태어난 게 12명의 티탄 신족과 외눈박이 삼형제 키클롭스, 머리가 50개, 손이 100개 달린 헤카톤케이레스야.

수많은 신을 낳고 난 후 우라노스는 거만해져서, 자신이 가이아보다 위에 있다고 생각하게 된다. 그리고 태어난 자식들 중 키클롭스와 헤카톤케이레스를 흉측하다며 못마땅해한다.

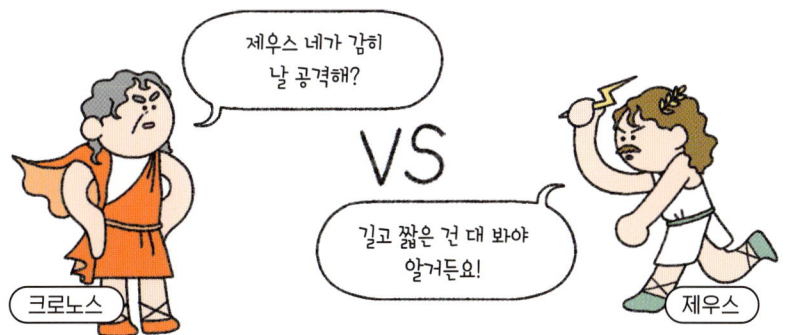

제우스의 시대

아레스
전쟁과 파괴의 신

아폴론
태양, 음악의 신
아르테미스의
쌍둥이 남매

아테나
지혜, 전쟁의 여신

제우스

헤라
결혼의 여신
제우스의 부인

디오니소스
포도주, 풍요의 신

올림포스의 12신

아르테미스
사냥, 숲, 달의 여신
아폴론의 쌍둥이 남매

데메테르
대지, 수확의 여신

포세이돈
바다의 신

아프로디테
사랑과 미의 여신

헤파이스토스
대장장이 신

헤르메스
전령, 여행, 상업의 신

아버지에게 도전해 권력을 잡았지만 제우스 역시 불안을 느껴. 특히 크로노스와의 전쟁 때 많은 전략을 짜 주었던 사촌 프로메테우스를 경계하지.

인간을 만들어 볼까?

프로메테우스

프로메테우스는 최초의 인간을 만들었는데, 인간을 너무 아낀 나머지 오직 신들만 쓸 수 있었던 불을 인간에게 전해 줘.

자신의 권력에 위협이 되는 프로메테우스를 제거하고 싶었던 제우스에게 프로메테우스의 행동은 좋은 구실이 되었다. 제우스는 인간에게 불을 함부로 전해 줬다는 죄로 그에게 매일 독수리에게 간을 쪼아 먹히는 끔찍한 형벌을 내렸다.

한편, 불을 전해 받은 인간들은 행복하게 살았지.

이 모습을 보고 화가 난 제우스는 최초의 여성 '판도라'를 프로메테우스의 동생 에피메테우스에게 보냈어.

"인간들이 감히 신의 불을 쓰다니!"

판도라에게 반한 에피메테우스는 제우스를 조심하라던 형의 충고를 잊고 그녀를 자신의 집으로 받아들이고 말았지.

그의 집에는 프로메테우스가 인간들을 위해, 인간에게 해가 되는 것들을 집어넣어 봉인해 둔 항아리가 있었어.

어느 날 판도라가 호기심에 그만 그 항아리를 열어 버렸고, 그 속에 들어 있던 온갖 고통이 튀어나와 인간들을 괴롭히기 시작했어.

질병 / 질투 / 노화 / 불행

"후후, 다 내 계획대로 됐군."

다만 항아리 마지막에는 희망이 남아 있었다고 해.

희망

"그런데 항아리 말고 상자 아니야?"

이 이야기가 전해지는 과정에서 번역 실수가 있었고, 유명한 작가가 그린 그림 때문에 많은 사람들이 항아리를 상자로 잘못 알게 된 거야. 원래는 항아리가 맞아.

그리스 로마 신화에 나오는 선택

올림포스의 신들에 대한 이야기는 나중에 또 하기로 하고, 그리스 로마 신화에서 빼놓을 수 없는 사건인 트로이아 전쟁 이야기를 해 볼게.

앞서 나왔던 헤시오도스 외에도 호메로스라는 시인이 있는데, 트로이아 전쟁을 다룬 《일리아스》와 《오디세이아》의 작가로 유명하지.

이 두 책에는 일생일대의 선택을 한 다양한 인물들이 등장해.

첫 번째 선택 이야기! 바다의 여신 테티스의 결혼식이 열렸는데, 불화의 여신 에리스만 초대받지 못했어.

나를 초대하지 않다니, 어디 두고 보자.

화가 난 에리스는 결혼식장에 몰래 찾아가 황금 사과를 던져.

가장 아름다운 여성에게

사과의 문구를 본 세 명의 여신들은 사과가 자기 것이라고 다투다가 마침 결혼식에 참석한 트로이아의 왕자 파리스에게 심판을 부탁해. 파리스는 깊은 고민에 빠지지.

결국 아프로디테를 선택한 파리스는 스파르타의 아름다운 왕비 헬레네와 사랑에 빠지게 돼.

아테네 - 날 선택하면 백전백승의 지혜를 줄게.
헤라 - 날 선택하면 세상을 다스릴 수 있는 권력을 주지.
아프로디테 - 날 선택하면 세상에서 가장 아름다운 여인과 사랑할 수 있게 해 줄게.

파리스가 헬레네를 트로이아로 몰래 데려가자, 화가 난 스파르타의 메넬라오스 왕은 바다를 건너 트로이아를 공격했다. 그렇게 시작된 트로이아 전쟁은 아테네와 스파르타, 미케네 등 그리스 국가들과 트로이아의 수많은 영웅들이 참가하며 10년간 이어졌다.

트로이아 전쟁에는 유명한 영웅 두 명이 나와. 하나는 아킬레우스, 또 하나는 오디세우스지.

- 나는 바다의 여신 테티스의 아들! — 아킬레우스
- 나는 그리스 서부에 있는 섬인 이타카의 왕! — 오디세우스

아킬레우스는 바다의 여신 테티스와 인간인 왕 펠레우스 사이에서 태어났기 때문에 언젠가는 죽을 수밖에 없는 운명이었다. 테티스는 아들을 죽지 않는 불사의 존재로 만들기 위해 저승과 이승의 경계를 흐르는 스틱스 강에 어린 아킬레우스를 담갔는데, 이때 그녀가 잡고 있었던 발뒤꿈치 부분만 강물에 닿지 않아 그의 유일한 약점이 되었다. 발뒤꿈치 위 힘줄을 의미하는 '아킬레스건'이 치명적인 약점의 대명사가 된 것은 여기에서 유래하였다.

이제 두 번째 선택 이야기를 들려줄게. 트로이아 전쟁에 참여할지 말지 고민하는 아킬레우스에게 테티스는 이런 말을 했어.

- 전쟁에 참여해 트로이아와 싸우면 너는 일찍 죽을 것이다. 하지만 너의 명예는 오래 빛날 것이다.
- 반대로 전쟁에 참여하지 않는다면 너는 오래 살 것이나 사람들이 기억하지 못할 것이다.
- 흠, 이것도 어려운 고민이네.

결국 명예를 선택한 아킬레우스는 트로이아 전쟁에 참여했어. 그의 활약 덕에 그리스는 연이어 승리했지. 트로이아군의 총대장인 헥토르와의 결투에서 승리하기도 했어.

헥토르의 투구

이렇게 아킬레우스는 트로이아 전쟁에서 맹활약했지만 헥토르의 동생 파리스에게 화살을 맞아 죽고 말아.

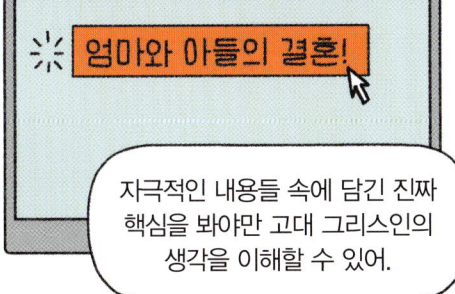

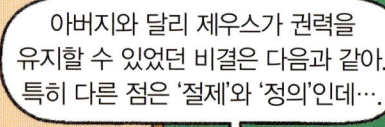

첫 번째 가설은 지리적 조건이야. 그리스는 산이 많은 지형이다 보니 소통이 불편해서 하나의 통일된 왕국보다는 작은 도시 국가로 나뉘어 발달했어.

잘 알려진 아테네, 스파르타 등은 다 도시 국가야. 한때는 도시 국가가 1000개 이상 있을 때도 있었대.

이 국가들은 각자의 영역을 지키고 다른 영역을 건드리지 않는 것을 정의라고 여겼어.

각자의 영역을 서로 존중하자고.

물론이지.

두 번째 가설은 군대에서 찾을 수 있어. 청동기 시대에서 철기 시대로 넘어가던 기원전 8세기 말 그리스에서는 무기 제조가 발전하여 말이나 전차를 타고 비싼 청동 갑옷을 입은 한 명의 장수보다,

빈틈 없는 대열을 갖춘 군대의 전술이 더 중요해졌거든.

네가 방패를 잘 들지 않으면 나까지 죽어.

> 창과 방패를 든 병사들이 밀집하여 적군에 맞서는 형태를 '팔랑크스 전술'이라고 한다. 이 전술에서 가장 중요한 점은 병사들이 각각 자기 자리를 지키는 것이다. 즉 자신의 몫을 다하는 것이 전쟁에서 승리하는 데 영향을 주었다. 이런 점 때문에 고대 그리스인들에게 '모이라(자신의 몫)'가 정의가 된 것이다.

우라노스나 크로노스와 달리 용기, 지혜, 절제, 정의의 네 가지 미덕을 갖췄기 때문에 제우스가 영원한 지배자가 되었다는 것이 이 이야기의 핵심이야.

최고신이 될 만하네!

도전에 실패한 인간들

의미 있는 실패

미노타우로스는 황소 머리에 인간의 몸을 한 식인 괴물로, 크레타 섬의 왕비가 소와의 사이에서 낳은 자식이야.

미노스 왕은 미노타우로스를 미궁에 가두고 아테네의 젊은이들을 매년 제물로 바치도록 강요했다. 이에 분노한 아테네의 왕자 테세우스는 제물인 척 미궁에 들어가서 미노타우로스를 죽였다.
크레타의 아리아드네 공주는 테세우스에게 반해 다이달로스로부터 미궁의 탈출법을 알아내 테세우스에게 전하고 탈출을 도왔다.

탈출법을 알려준 죄로 다이달로스는 자신이 만든 미궁 속에 아들 이카로스와 함께 갇히고 말아.

다행히도 그 미궁에는 지붕이 없었어. 부자는 새의 깃털을 모으고 벌집의 밀랍으로 붙여 날개를 만들기 시작해.

마침내 두 사람은 비행을 시작했어. 적절한 선을 지키며 안전하게 날던 다이달로스와 달리 이카로스는 태양 가까이 날아올랐어.

결국 이카로스는 날개가 녹아 바다에 추락하고 말아. 비극적인 결말에도 이후 이카로스는 불가능에 도전하는 인간의 상징이 되어, 수많은 이들에게 도전 정신을 일깨우는 인물이 돼.

그리스 공군 사관 학교의 별칭이 바로 이카로스야.

선을 넘으려다가 실패했지만 높은 평가를 받는 인물이 또 있어. 바로 테베의 왕 오이디푸스야. 어느 날 테베에 역병이 닥치자, 그는 신하를 보내 신탁*을 받아 오도록 해.

반드시 찾아서 처벌하리라!

전임 왕인 라이오스를 죽인 범인을 찾아 벌을 내려야 역병이 물러갈 것이라고 합니다.

오이디푸스 왕

*신탁 인간의 물음에 대한 신의 대답

그런데 범인을 조사하면 조사할수록 이상한 점들이 밝혀져.

바로 나?

전임 왕이 죽은 장소나 시간을 생각해 볼 때 범인은….

자기 남편을 죽인 사람이 오이디푸스인 것을 알았지만 모든 진실을 덮으려던 이오카스테 왕비의 반대에도 오이디푸스는 끝까지 범인을 밝혀낸다. 모든 진실을 알고 충격을 받은 오이디푸스는 자신이 한 말을 지키기 위해 스스로 눈을 뽑은 후 장님이 되어 테베를 떠난다.

여기에는 숨겨진 이야기가 있어. 오이디푸스는 본래 테베의 왕자로, 라이오스 왕과 이오카스테 왕비의 아들이었지.

아들이 자신을 죽일 거라는 신탁을 받은 라이오스 왕은 오이디푸스를 내다 버렸고, 우여곡절 끝에 이웃 나라 코린토스에 입양되어 왕자가 된 거야.

이 아이는 우리가 키웁시다.

불쌍하게도 발이 많이 부어 있네요. '퉁퉁 부은 발'이라는 뜻의 오이디푸스라고 부르는 게 어때요?

폴리보스 왕

메로페 왕비

이 사실을 전혀 몰랐던 오이디푸스는 어느 날 아버지를 죽이고 어머니와 결혼할 운명을 타고났다는 신탁을 받은 뒤 코린토스를 떠나.

떠돌아다니던 오이디푸스는 우연히 시비가 붙어 라이오스 왕을 죽였고, 괴물 스핑크스를 물리친 공로로 테베의 왕이 되어 왕비와 결혼까지 한 거야.

절대 신탁대로는 살지 않겠어!

결국 아버지를 죽이고 어머니와 결혼한다는 신탁이 이루어졌네!

자신의 운명을 거스르려고 노력한 오이디푸스는 모이라를 넘어서려는 휘브리스를 범했지만 독자들은 그의 행동을 고결했다고 평가해.

신이 정한 운명이라며 책임을 회피할 수도 있었을 텐데.

오이디푸스는 스스로 눈을 뽑음으로서 인생의 주체는 신이 아니라 자기 자신이라는 걸 보여 줬기 때문이지.

잔혹한 운명일지라도 이것은 나의 삶이며 나의 책임이다.

그리스인들은 신화를 통해 자기 몫에 충실하게 사는 모이라도 좋은 인생이지만, 휘브리스의 기회가 올 수도 있다는 메시지를 주고 싶었던 것 같아.

평범하면서도 매일매일 충실한 삶이 좋아!

하늘을 꼭 한번 날아 보고 싶어!

적절한 선만 지킨다면 도전 자체는 괜찮은 것 같기도 해.

그리스 로마 신화는 누가 절대적으로 옳고 그른 게 게 아닌, 다양하고 모순적인 이야기 속에서 우리가 삶을 돌아볼 수 있도록 하는 매력이 있지.

그러게. 오늘 다시 그리스 로마 신화를 읽어 봐야겠어!

세 번째 강의
삼국지 1

《삼국지》요? 들어 본 적은 있는데 자세한 내용까지는 잘….

부패한 정치로 백성이 고통받던 후한 말, '황건적의 난'이 일어나면서 《삼국지》가 시작돼.

이때 유비, 관우, 장비가 군사를 모아 황건적을 물리친다. 이후 각지에서 나타난 영웅들의 치열한 싸움이 펼쳐지고, 조조의 위, 유비의 촉, 손권의 오 삼국이 삼국 통일을 위해 팽팽하게 맞선다. 마침내 위를 계승한 진나라가 삼국을 통일하며, 이야기는 끝을 맺는다.

《삼국지》는 진수가 쓴 《삼국지》와 나관중이 쓴 《삼국지연의》로 나뉘어.

 내가 진짜 역사를 담은 《삼국지》지.

 무슨 소리! 《삼국지》 하면 나거든.

《삼국지》의 시작인 황건적의 난으로부터 삼국 통일까지 100년 동안은 여러 세력이 권력을 잡기 위해 싸우느라 혼란스러웠다. 계속된 전쟁으로 중국의 인구가 7분의 1로 줄 정도로 참혹한 시기였다.

이런 고통의 시대를 엮은 책이 바로 진나라 역사가 진수가 쓴 정사* 《삼국지》야.

*정사 정확한 사실의 역사

글을 쓰는 건 쉽지 않았어. 삼국으로 나뉘어서 싸우다 보니 같은 싸움이라도 나라별로 기록이 달랐기 때문이야.

이 전투는 우리가 이겼지.

천만에. 그건 그냥 우리가 전염병 때문에 돌아간 거야.

배후에서 우리가 한 일을 잊은 모양이군.

기록을 겨우 정리한 진수는 280~290년경 마침내 위서 30권, 촉서 15권, 오서 20권, 총 65권의 《삼국지》를 편찬해.

*야사 일반 백성들 사이에서 사사로이 기록한 역사

이처럼 만들어진 과정이 다르다 보니 정사 《삼국지》와 소설 《삼국지연의》는 많은 면에서 다를 수밖에 없었어. 독자들이 좋아하는 에피소드 중에서는 특히 야사에서 나온 것들이 많지.

예를 들어 《삼국지연의》에서는 중국 4대 미녀 중 하나인 초선이 충신 왕윤의 수양딸로 등장하는데,

"간신 동탁이 어린 황제 폐하를 맘대로 휘두르며 나라를 혼란에 빠뜨리니 이를 어찌할꼬."

왕윤 / 초선

"제가 도울 일은 없을까요?"

아름다운 초선을 보고 좋은 아이디어가 떠오른 왕윤은 초선을 최고의 장수이자, 동탁의 양아들인 여포와 만나게 해.

"오오, 저렇게 아름다운 여인이 있다니!"

여포 / 초선

다음날에는 초선을 여포의 양아버지인 동탁에게 보내지.

동탁 / 초선

그렇게 초선은 여포와 동탁 사이를 멀어지게 만들었어. 결국 여포는 동탁을 죽이고 말아.

"죄송해요, 장군을 좋아하지만 동탁 때문에…."

"여포 장군께서 절 억지로 껴안고 안 놓으셔서…."

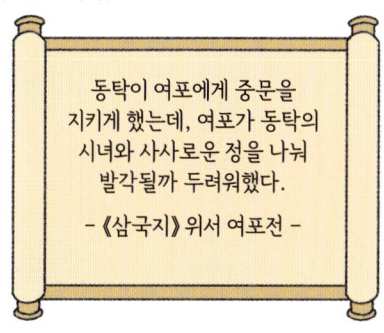
그러나 《삼국지》에 이와 관련된 내용은 단 두 줄뿐이야.

> 동탁이 여포에게 중문을 지키게 했는데, 여포가 동탁의 시녀와 사사로운 정을 나눠 발각될까 두려워했다.
> - 《삼국지》 위서 여포전 -

즉 초선이라는 인물은 작가가 만들어 낸 허구의 인물이지.

"그럼 유비도 혹시 허구의 인물?"

"나는 실재 인물이야. 물론 정사와 소설의 차이점은 있지."

삼국지 속 인물 파헤치기

《삼국지연의》속 나는 한나라 황실의 후손으로 가난한 돗자리 장수에서 왕이 되는 자수성가형 인물로 묘사되지만, 《삼국지》에서는 어려서 아버지를 여의고 짚신과 돗자리를 엮어 팔았다고만 나와. 또한 '독서를 그다지 좋아하지 않고 개와 말, 음악과 아름다운 옷을 좋아했다.'라고 쓰여 있어. 여기서 개는 사냥개를 뜻하는데, 당시 사냥을 했다는 건 부유했다는 뜻이야.

《삼국지연의》
홀어머니 슬하의 가난한 돗자리 장수

《삼국지》
사냥과 음악을 좋아하는 패셔니스타

달라도 너무 다르네!

실제로는 부유한 집안 출신이었지만, 듣는 이들이 나 유비를 가난한 돗자리 장수에서 왕으로 성공한 캐릭터로 이해한 탓에 소설에서도 그렇게 등장한 거지.

아버지가 일찍 죽었다면 가난했겠네.

홀어머니를 모시고 얼마나 힘들었을까?

진실은 뭔데요?

비밀~.

나 유비 하면 빼놓을 수 없는 의형제, 관우와 장비에 대해 말해 볼까? 《삼국지연의》에서 이들은 엄청난 장수들로 묘사되곤 하는데, 《삼국지》에서도 관우와 장비는 1만 명을 상대할 수 있는 호랑이 같은 신하라고 표현하고 있어.

나는 의리의 대명사 관우!

난 장비야. 단순무식하지만 정은 많다고!

다만 유비, 관우, 장비가 복숭아나무 아래에서 의형제를 맺은 '도원결의'는 허구야.

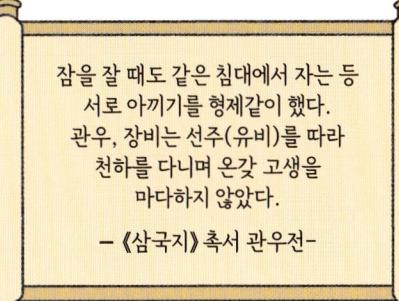
그래도 셋이 형제처럼 친했던 건 맞아.

잠을 잘 때도 같은 침대에서 자는 등 서로 아끼기를 형제같이 했다. 관우, 장비는 선주(유비)를 따라 천하를 다니며 온갖 고생을 마다하지 않았다.
-《삼국지》촉서 관우전-

특히 관우는 조조로부터 자기 편이 되라는 제안을 받기도 했지만, 끝까지 의리를 지킨 걸로 유명해.

내 편에 서지 않겠나?
조조

나는 유 장군과 함께 죽기로 맹세했으니 그를 배신할 수 없소.
관우

도원결의는 아니었지만 못지않은 우정이 있었네요.

그래. 《삼국지연의》 속 영웅들의 이미지는 백성들의 소원을 투영한 모습이야.

고난을 함께 겪을 끈끈한 동료가 있다는 것은 모든 사람들이 바라는 꿈이자 희망 아니겠어?

관우와 장비가 그렇게 따르는 유비의 매력은 뭐죠?

내 입으로 말하기는 조금 민망하지만 나는 어릴 때부터 리더 상이라는 말을 많이 들었어.

말수가 적고 아랫사람에게 잘해 주며 기쁨이나 노여움을 드러내지 않았다. 젊은이들은 다투어 그를 가까이했다.
-《삼국지》촉서-

아랫사람을 존중하는 좋은 어른이었네요!

조조를 피해 도망치던 긴급한 순간에도 백성을 생각했지. 그래서 백성들은 나 유비를 좋아한 것 같아.

백성이 나를 따르는데 내가 어찌 그들을 버리고 가겠소!

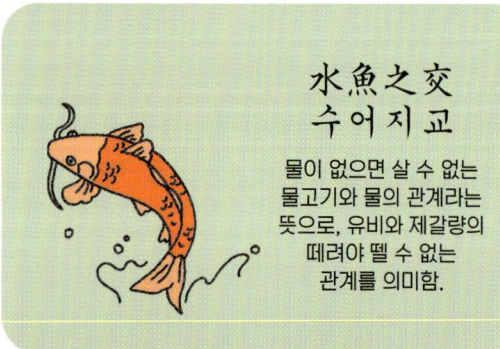

네 번째 강의
삼국지 2

이번엔 나의 영원한 라이벌인 조조에 대해 알려 줄게.

조조는 나와는 정반대의 성격으로 나오는 인물이야.

백성은 날 버려도 되지만, 난 백성을 버리지 않는다. — 유비

내가 천하를 버릴지언정, 천하가 날 저버릴 수 없다. — 조조

《삼국지연의》에서는 조조를 '난세의 간웅'이라고 표현하는데, 《삼국지》에서는 이 단어가 나오지 않는다. 난세(어려운 시기)의 간웅이란 혼란기를 틈탄 간사하고 잔혹한 영웅이란 의미이다.

조조가 이런 평가를 받게 된 건 서주 전투의 영향이 커.

서주 전투?

《삼국지연의》에 따르면 조조의 아버지와 동생은 서주를 다스리던 도겸의 영토를 지나가다 살해당했어.

조조의 가족이다! 죽여라!

그러자 조조는 193년과 194년 서주를 침공해 백성 수만 명을 학살하지.

복수다!

하지만 실제 역사는 달라. 조조가 먼저 도겸을 공격하고 도겸의 부하들이 그 보복으로 조조의 아버지와 가족을 죽였거든.

> 태위 조승과 자식 조덕이 낭야에서 태산으로 들어왔다. 서주목 도겸이 본디 조승의 자식 조조가 사주 그를 공격한 것을 원망하여 군의 경계에서 그들을 죽였다.
> — 《삼국지》 후한서 열전 38 —

조조가 서주를 노린 이유는 따로 있었어. 조조를 공격할 기회만 엿보고 있는 주변 세력으로부터 살아남기 위한 방법이었거든.

이 주변에서 제일 약한 도겸이 있는 서주를 공격하자!

사방이 적에게 둘러싸인 조조는 전쟁을 최대한 빨리 끝내야만 했다. 이를 위해 조조는 기병(말을 탄 병사)을 이용해 마을을 모두 쑥대밭으로 만들었다. 결국 군대를 추가로 모을 수 없었던 도겸은 패하고 말았다. 수만 명의 백성을 잔인하게 학살하며 조조의 이미지는 아주 나빠졌지만, 마음이 급했던 조조로서는 어쩔 수 없는 선택이었다.

서주를 지원하러 출전한 나 유비는 서주의 민심을 얻게 되지.

말씀은 고맙지만 제가 어찌 감히….

유비, 자네가 서주의 주인이 되어 조조를 물리쳐 주게.

도겸 / 유비

간웅이라더니 조조는 너무 잔인한 것 같아.

하지만 실제로는 장점도 많은 인물이었어.

첫 번째로 전략, 전술의 귀재였고, 군사 지휘력이 뛰어났어. 특히 기병을 잘 다뤘는데, '조조를 말하면 조조가 도착한다'는 말이 있을 정도로 그의 기병은 빨랐지.

조조의 기병이 이곳으로 달려오고 있다고 합니다.

방금 도착했다고 합니다.

두 번째로 과거에 연연하기보다는 현재 자신에게 유리한 것을 선택했지.

중요한 것은 앞으로지. 내가 이겼으니 됐다.

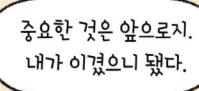

여기 적과 내통한 자들의 밀서가 있습니다.

이들을 당장 벌하십시오.

세 번째로 다양한 개혁을 실행했어. 추천제 대신 재능으로 사람을 뽑았지. 또한 전쟁이 잦아지며 세금과 식량 부담이 심해지자 농번기에는 군사를 투입해 농사를 짓게 했어. 이게 바로 '둔전제'야.

우리가 먹을 식량은 우리가 직접 기른다.

마지막으로 곤경에 처했을 때 과감한 작전으로 위기를 해결하는 능력이 뛰어났어. 패배했을 때는 새로운 전략을 제시하며 병사들의 사기를 드높였지.

저번엔 안타깝게 졌지만, 이대로만 하면 이번에는 이길 수 있다.

이런 면이 있었군요! 우아, 대단하네!

삼국지 최대의 전투 적벽 대전

208년, 조조는 80만 대군을 이끌고 남쪽으로 이동해 형주를 차지한 다음 나 유비를 추격하면서 손권을 위협했어. 나와 손권은 연합군을 이뤄 조조와 적벽에서 충돌해 결국 조조군을 격퇴했지. 이 전투가 바로 적벽 대전으로, 《삼국지연의》에 나오는 가장 유명한 전투 중 하나야.

"적벽 대전 역시 소설과 실제 역사가 달라."

싸움의 무대가 되는 형주는 위, 촉, 오 세 나라에게 아주 중요한 교통의 요지였는데, 조조는 나를 치고 손권을 위협할 생각으로 빠르게 형주를 점령해.

"형주만 차지하면 유비와 손권 양쪽을 공격하기가 쉬워져."

형주에 있던 나는 백성들과 남쪽으로 피신하게 되지.

"손권과 동맹을 맺어야겠어."

한편 오에서는 신하들이 손권에게 항복을 권하고 있었지.

"전쟁을 준비하기에는 시간이 너무 촉박합니다. 항복하시죠."

"우리 군으로는 조조를 상대할 수 없습니다."

《삼국지연의》에서는 내가 보낸 제갈량이 손권을 설득하는 걸로 나오지만, 실제 역사에서 손권을 설득하는 건 주유와 노숙이야.

"나는 오나라 장수 주유야. 손권의 형인 손책과는 아주 친밀한 사이였지."

"나는 오나라 책사* 노숙."

주유와 노숙은 이 전쟁을 오히려 좋은 기회로 보고 나와 연합을 결성해 조조와 맞서자고 주장했어.

*책사 정책이나 전략을 제시하던 지식인

첫 번째로 연합군에 화살이 부족하자, 제갈량이 안개가 자욱한 날 군사 대신 짚단을 가득 실은 배를 조조군에 보내, 그들이 화살을 쏘게 해서 10만 개의 화살을 확보한다는 이야기는 거짓이야.

황개가 거짓으로 항복하여 화공법이 성공하고, 바람의 방향이 조조에게 불리하게 남동풍으로 바뀌면서 엮여 있던 조조의 배들은 활활 타올랐어. 이렇게 5만 연합군이 80만 조조의 군대를 격파한 거야.

나의 패배다.

조조

《삼국지》에서는 이 적벽 대전에 대해 아주 짧게 다루고 있어.

> 조조가 진군하여 강 위쪽에 이르러 적벽을 따라 강을 건너고자 하였다. 배가 없어 대나무 뗏목을 만들게 하여 그것을 타게 하였다. 한수를 따라서 아래로 내려와 큰 강으로 나왔고 포구에 (뗏목을) 대어 놓고 아직 건너가지 아니하였다. 주유는 또 밤에 몰래 경선과 주가 100척으로 하여금 (조조군의) 뗏목을 불 지르게 하니 조조는 이에 밤을 틈타 달아났다.
> - 《삼국지》 오서 주유전 -

역사 속 몇 줄을 저렇게 박진감 넘치는 전투 장면으로 만들다니 나관중 최고!

천하 통일을 앞두고 무너진 조조는 적벽 대전 이후 군대를 재정비했고, 적벽 대전에서 승리하며 천하 통일의 가능성을 본 손권은 지방 세력들을 모아서 북으로 올라가는 전쟁을 진행하였다. 마지막으로 승리의 대가로 형주를 차지한 유비는 익주 정복에 나서는 등 영토를 확장하기 위해 노력했다.

전쟁의 승패와 상관없이 다들 앞으로 나아가기 위해 노력했네요.

맞아!

그게 이 세 명의 공통점이지. 현실에 굴복하지 않고 끊임없이 도전한 것 말이야.

조조 손권 유비

이기고 지는 것에 연연하지 않고 계속 노력하는 태도 본받고 싶어!

할머니를 잡아먹으려던 호랑이는 팥죽까지 먹을 생각으로 동짓날*까지 할머니를 살려 주기로 했지. 그리고 동짓날에 호랑이가 찾아오자 집 안에 있던 알밤, 자라, 개똥, 송곳, 맷돌, 멍석, 지게가 힘을 합쳐 호랑이를 물리친다는 이야기야.

***동짓날** 일 년 중 낮이 가장 짧고 밤이 가장 긴 절기로, 팥죽을 쑤어 먹는 풍습이 있음

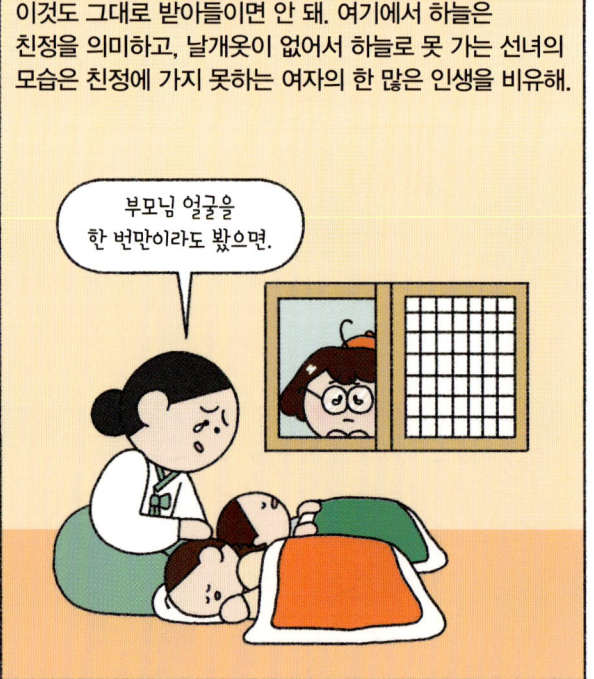

시대를 앞서가는 당찬 여성들의 이야기

앞에서 나온 콩쥐나 선녀와 달리 할 말은 하는 당찬 여성들도 있어.

판소리의 대표작인 〈춘향전〉의 주인공 춘향이 역시 기생의 딸이라는 미천한 신분이었지만 기죽지 않고 할 말은 하는 여장부였지.

〈자청비 이야기〉의 주인공 자청비는 공부, 활쏘기, 씨름 등 여러 분야에서 남자들보다 더 뛰어났어.

첫눈에 반한 문도령과 함께 지내기 위해,

남장을 하고 같이 공부를 하거나,

하늘로 돌아가려는 문도령에게 연애 편지를 건네는 등 자신의 감정을 적극적으로 표현하기도 했지.

한국의 창세 신화

태초에 하늘도 땅도 아닌 혼돈이 있었다. 그때, 크나큰 신 도수문장이 나타나 하늘과 땅을 둘로 나눴다. 그리고 네 개의 눈을 가진 푸른 괴물인 청의동자의 눈을 뽑아서 던지니, 두 개의 해, 두 개의 달이 되어 세상을 밝게 비추었다.

지상에 내려온 옥황상제가 인간 여인을 만나 사랑에 빠져 대별왕, 소별왕이 태어났어.

해와 달이 각각 2개나 되다 보니, 낮에는 너무 더웠고, 밤에는 너무 추웠대.

대별왕과 소별왕이 해와 달을 하나씩 쏘고 돌아오자, 옥황상제는 기뻐하며 대별왕에게는 저승을, 소별왕에게는 이승을 다스리게 했어.

이후 하늘과 이승, 저승에는 셀 수 없이 많은 신들이 생겨났어.

삼신할머니
마고할미   측신
서낭신
바리공주   성주신

제주도에만 1만 8000명의 신이 존재한대. 놀랍지?

옛날이야기에 대한 재미난 설명을 듣다 보니, 어떤 내용이 더 담겨 있는지 궁금해졌어! 오늘은 도서관에 가서 '그리스 로마 신화'와 '삼국지'를 찾아서 읽어 보는 건 어떨까?

질문이나 요청을 입력하면 인터넷에 있는 방대한 양의 정보를 요약해서 알려 주는 인공 지능(AI) 알고리즘인 챗 GPT의 등장으로 지식을 습득하는 것보다 **질문이 중요한 시대**가 되었습니다.

그렇다면 인간은 질문을 통해서 어떻게 발전해 왔을까요?
고대의 철학자들은 질문을 통해 세상을 더 깊이 이해하고 **지혜**를 찾았습니다.
자아를 탐색하고 **도덕적 가치, 정의, 진리** 등에 대해 생각하던 철학자들의
궁금증과 질문은 오늘날 철학, 사회 과학, 자연 과학의 기반이 되었습니다.
과학자들은 특정 자연 현상이 왜 일어나며 왜 그런 결과가 생겼는지 이해하기 위해
실험과 연구를 진행했고, 그 결과 도구와 기계를 개발하고 혁신적인 기술을
발전시켜 왔지요. 또한 현실의 문제점에 대해 끊임없이 질문하고, 해결하기 위해
노력한 끝에 인권을 보호하고, 소수자의 권리를 드높이고, 평등 문제에 대한 인식을
확대하는 등 놀랄 만한 정치적 성과를 이루어 냈습니다.

이렇게 개인과 사회, 과학을 발전시키는 원동력이 되는 질문!
오늘도 손을 번쩍 들고 함께 질문해 볼까요? **질문 있습니다!**

WHY?
인간은 계속 질문하나요?

첫 번째 강의 **질문의 힘**
두 번째 강의 **개인주의**
세 번째 강의 **선거**

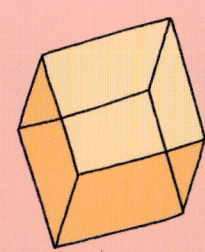

하지만 철학은 우리 현실과 아주 밀접한 관계가 있어. 왜냐하면 철학은 당대 최고의 도시였던 아테네 광장에서 수많은 사람들이 서로 대화를 나누며 자연스럽게 생겨났거든. 이 과정에서 시민들이 직접 정책을 결정하는 최초의 민주주의가 나타나기도 했어.

동굴의 비유

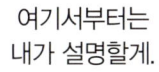

다양성을 인정하는 사회

다양성이 사회의 발전과 어떤 관련이 있는지는 아직 잘 모르겠어요.

여기에서는 나보다 2500년 후배인 니체의 얘기를 들어 볼게.

안녕?

니체는 독일의 시인이자 철학가이다. 종교적 가치가 상실되고 돈이나 명예, 권력 같은 세속적인 가치가 중시되는 어지러운 사회 속에서 전통 철학과 도덕에 반대하는 철학을 펼쳤다.

세상에는 진짜보다 우상들이 더 많다. 이것이 이 세계에 대한 나의 '사악한 시선'이자 나의 '사악한 귀'이다. 여기서 한번 망치를 들고서 의문을 제기해 본다.

프리드리히 니체, 《우상의 황혼》

우상이란 이름만 있고 실체가 없는 가짜들을 의미하지.

또, 망치를 든다는 것은 기존에 있던 전통적인 가치를 때려 부수는 것을 의미해.

전통

절대적으로 여겨졌던 기존의 전통적 가치에서 벗어나 새로운 것을 시도하고 꿈꾸는 삶을 실현할 수 있도록 여러 가능성을 제공하는 사회가 발전적이고 좋은 사회라고 할 수 있겠지?

이 길 말고 다른 길은 없는 걸까?

어떤 길로 가 볼까나?

여러 가능성이 다양성하고 또 연결되네요.

맞아.

니체에 따르면 다양성을 위해서는 기존의 가치를 무너뜨리고 새로운 가치를 창조해야만 하지.

새로운 가치

기존의 가치

어떻게 해야 새로운 가치를 창조할 수 있어요?

니체는 의무, 책임, 관습, 복종 등의 무거운 짐을 진 사람의 정신을 낙타에 비유했어. 그리고 첫 번째로 자신을 억압하는 무거운 짐을 인식하고, 스스로 삶의 문제를 파악해야 한다고 말했지.

두 번째로는 의무에서 벗어나 스스로 무언가를 결정할 수 있는 자유 의지를 가져야 한다고 했어. 마치 자유로운 사자처럼 말이야.

나한테 명령하지 마. 난 내 의지대로 살 거야!

마지막 세 번째로는 어린아이처럼 순수한 모습으로 돌아가 자신만의 새로운 가치를 만들어야 한다고 말했지. 무한한 긍정의 힘을 가진 어린아이처럼 자신의 모든 다양성을 인정하라는 뜻이지.

난 커서 선생님도 하고 싶고, 경찰관도 하고 싶고, 가수도 되고 싶어

이렇게 새로운 가치를 창조하고 다양성을 인정한 후 다양한 의견 속에서 합의를 이룬다면 사회가 발전할 수 있겠지?

흠, 네 말이 맞을지도 몰라.

당신 생각도 일리가 있군요.

다양성을 위해서는 질문을 많이 해야 하고요! 나도 앞으로 더 질문 많이 해야지!

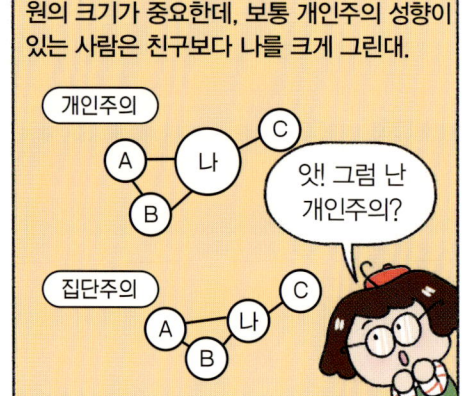

실험 결과에 따르면 미국인의 경우 친구보다 나를 평균 6mm 크게 그리고, 유럽인은 친구보다 나를 평균 3.5mm 크게 그리는 걸로 나타났다. 반면 동양인은 친구와 나를 비슷하게 그리거나 오히려 나를 조금 작게 그리는 경향이 있었다. 이 결과를 통해 서양은 개인주의적 성향이 강해서 자기중심적으로 사고를 하는 반면, 동양은 관계를 중시하는 집단주의적 경향이 있다는 것을 알 수 있다.

한국은 집단과 가족을 중시하는 유교적 가치관이 오랫동안 지배했기 때문에, 집단주의적인 사고를 많이 하지.

동양에서 일찍이 위대한 문명을 이뤘음에도 서양에서 산업 혁명*이 시작된 이유를 서양의 개인주의 때문이라고 보기도 해. 개인의 다양성을 중시하는 사회에서 더 많은 발전을 이룰 수가 있다는 의견이지.

*산업 혁명 수공업 방식으로 물건을 생산하다가 증기 기관 등 기계가 발전하면서 공장에서 대량으로 물건을 생산하는 방식으로 바뀐 변화. 노동자와 자본가라는 새로운 계층이 생겨나고, 이윤 추구를 목적으로 하는 자본주의 경제의 계기가 됨

동서양의 개인주의와 집단주의

통계청에 따르면 2022년 한국의 1인 가구 비율은 34.5%로, 점점 늘어나고 있어. 이제는 한국 사회도 개인주의와 개인의 다양성이 중요해졌다는 뜻이야.

그러나 여전히 개인의 프라이버시를 침해하는 일들이 벌어지고 있어.

이런 질문에 반발하거나 화를 내면 오히려 그 사람을 비난하는 경우까지 있어.

근대 산업화 시기 우리나라는 집단주의를 통해 발전했어. 개인보다는 국가의 발전이 우선이었지.

하지만 지나친 집단주의는 오히려 개인의 발전을 가로막아.

개인의 프라이버시를 보호하고 존중할 때 개인은 최고의 능력을 발휘할 수 있어. 이를 위해 기업들은 개인의 개성을 존중하는 다양한 방법들을 시도하고 있어.

종교 개혁과 르네상스가 개인의 발견에 큰 영향을 미쳤지.

인간은 성직자를 통해서만 신에게 구원받을 수 있다.

모든 개인은 성경을 통해 하나님과 직접 소통할 수 있다.

성직자를 통하는 것보다 개인의 믿음이 중요하다고 여긴 거야.

마르틴 루터

종교 개혁은 봉건 사회가 붕괴하고, 교황청 및 교회가 부패, 타락하자 16세기 유럽에서 로마 가톨릭 교회에 반대해 일어난 개혁 운동이다. 이를 주도한 마르틴 루터는 성직자 없이도 믿음이 있다면 신에게 구원받을 수 있다며, 성경의 중요성을 강조하였다. 종교 개혁은 르네상스와 함께 사회, 정치, 문화, 사상 등 근대 유럽 세계의 형성에 큰 영향을 주었다.

르네상스는 뭐야? 들어 본 적은 있는데.

르네상스는 14~16세기에 일어난 문화 운동으로, 신 중심의 사상과 봉건 제도로 개인의 창조성을 억압하던 중세에서 벗어나, 자연과 인간을 존중하던 고대 그리스와 로마의 시대로 돌아가자는 운동이다. 문화·예술 분야뿐 아니라 정치·과학 등 사회 전반적인 영역에 영향을 미쳤고, 이탈리아에서 시작되어 독일, 프랑스, 영국을 포함한 유럽 전역으로 퍼져 나갔다.

르네상스 이후 인간은 자신의 '몸'에 관심을 갖게 되었어.

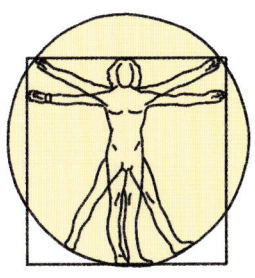

중세 시대에서는 영혼만 중시하고 육체를 죄악의 근원이라 믿었다면, 르네상스 시대에서는 몸을 긍정적으로 바라보고 표현했지.

남사스럽게 벗은 몸을!

오! 정말 아름다워!

즉 몸의 발견은 개인주의의 출발점이라고도 할 수 있어.

이런 점 때문에 개인주의에 기초한 민주주의 사회에서는 가장 먼저 몸 즉, 신체의 자유를 내세우기도 해.

대한민국 헌법 제12조 1항

모든 국민은 신체의 자유를 가진다.

굉장히 당연하고 기본적인 권리 같은데 법에 따로 조항이 있구나.

철학으로 보는 개인주의

신체의 자유를 인간의 권리나 민주주의와 같이 생각해 본 적은 없는 것 같아.

이에 대한 근거를 제공한 철학자는 토머스 홉스야.

토머스 홉스는 영국의 철학자로, 16세기에 종교 개혁 이후 일어난 혼란을 목격하고, 이 무질서한 상태를 벗어나기 위해, 국가의 절대적인 권력이 필요하다고 주장했다. 또한 국가가 생기기 전 모습을 말하는 단어인 '자연 상태'에서 살아남기 위해 자신의 몸을 스스로 보존할 권리를 '자기 보존권'이라고 설명했다.

몸의 자유는 개인이 지켜야 할 기본적 권리지.

사람이 자신의 사지를 보호하고 건강을 유지하고 자신의 몸을 죽음과 고통으로부터 보존하려고 노력하는 것은 이치에 어긋나거나 비난할 만한 일도 아니고 올바른 이성에 반하지도 않는다.

토머스 홉스 《시민론》

개인주의를 위해서는 첫 번째로 몸을 보호해야 하는 거지. 이때부터 자기 보존권이 보편화되었어.

자기 보존권은 1789년 프랑스 인권 선언과 1948년 세계 인권 선언에 영향을 주게 돼.

프랑스 인권 선언은 알고 있는데, 세계 인권 선언은 뭐야?

제2차 세계 대전에서 수많은 사람이 희생되자, 이를 반성하고, 인권을 인류의 보편적인 권리로 채택한 선언이야. 1948년 12월, 제3회 국제 연합(UN) 총회에서 선언했지.

우리는 모두 형제자매이며, 누구든지 차별 받지 않아야 하고, 법은 누구에게나 평등하게 적용되어야 하며….

개인의 권리를 지키려면 프라이버시 공간이 필요한데,

이 안은 나만의 공간이야.

나만의 공간이 없이 모든 걸 관찰당한다면 그게 바로 전체주의* 사회이자 완전 감시 사회거든.

내 몸의 통제권은 내가 가져야 하는데….

*전체주의 국가나 민족 등 전체가 있으므로 개인이 존재한다는 논리에 따라 국가 이익을 우선으로 하는 권력 사상 혹은 국가 체제

소유는 내가 가지고 있는 것, 즉 다른 사람에게 속하지 않고 오직 나에게 속하는 나의 '생명' 자체를 의미하기도 한다. 생명을 보존하기 위해서는 입을 것, 먹을 것, 머무를 곳이 필요하다. 그래서 소유가 개인의 자유와 생명을 보존하기 위해 필요하다는 것이다.

동시에 타인의 프라이버시를 침해하지 않으려는 노력도 필요해.

프라이버시의 보장은 민주주의의 전제 조건이거든.

엄마, 아빠 출입 금지!

마지막으로 개인주의를 위해 우리는 인격을 보호해야 해.

사람은 인격적으로 대우받으면 존엄을 느끼지만, 그렇지 않으면 모멸감을 느끼지.

감사합니다!

쓰레기나 치우는 사람이잖아~.

개인의 인격이 보호받을수록 개인주의가 보편화되면서 개인의 자유를 존중하는 문화가 발달할 수 있어.

들으면 들을수록 개인주의가 사회의 발전에 꼭 필요한 것 같아!

철학자 이마누엘 칸트의 이야기를 해 볼게.

안녕? 난 칸트라고 해.

이마누엘 칸트는 독일의 철학자로 1781년에 《순수 이성 비판》이라는 책에서 합리주의 철학과, 경험주의 철학을 비판하고 두 철학을 종합하였다. 그는 인간은 경험으로 얻은 자료를 타고난 능력인 이성을 통해 지식으로 만든다고 주장했다.

숲속의 나무들은 서로가 분리되어 자유로운 상태에서 제멋대로 가지를 뻗어서 삐뚤어지고 비틀려서 불구로 성장하는 대신에 한 나무가 다른 나무에게서 공기와 햇빛을 빼앗으려 하고 스스로 성장하도록 서로 압박함으로써, 아름답게 똑바로 성장한다.

이마누엘 칸트, 《세계사적 의도에서의 보편사 이념》

나무들은 많은 나무들 속에서 더 많은 햇빛을 보기 위해 똑바로 자라는데,

이런 일종의 경쟁이 성장에 도움이 된다는 거지.

세 번째 강의
선거

당신의 가수에게 투표하라!
최종 데뷔 멤버는?

소풍 장소 투표
1. 놀이공원
2. 과학관
3. 동물원

선거와 투표는 우리 일상과 생각보다 가까운 것 같아. 대체 언제부터 시작된 걸까?

안녕? 내가 선거에 대해 알려 줄까?

선거란 투표를 통해 공직자나 대표자를 뽑는 것을 말해.

대통령 선거

이 사람에게 투표하면 우리나라를 위해 애써 주겠지?

국민은 선거를 통해 대표자를 뽑음으로써 자신의 의견을 정치에 반영할 수 있다. 선거는 국민이 정치에 참여하는 가장 기본적인 방법이고, 국가의 주인으로서 권리를 행사하는 손쉬운 방법이다. 그렇기 때문에 선거를 '민주주의의 꽃'이라고도 한다.

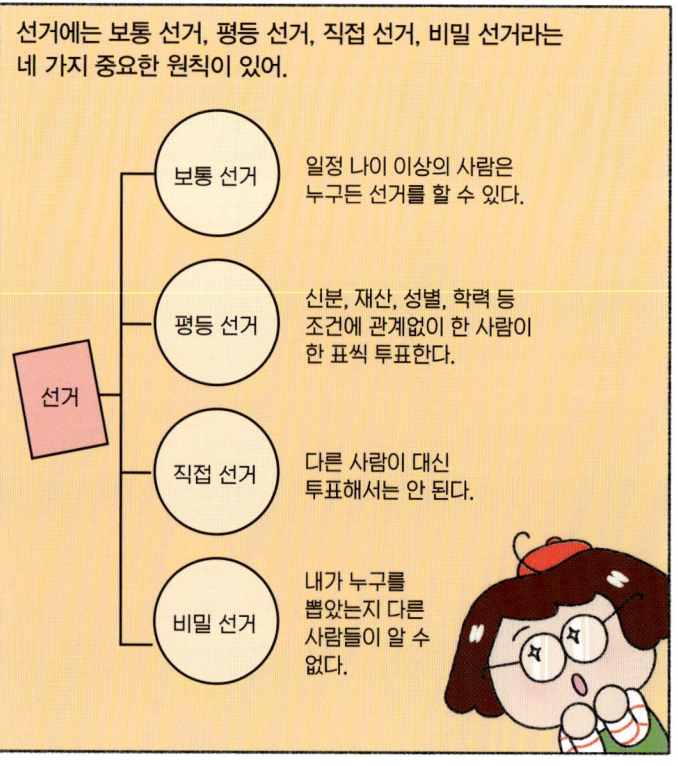

선거에는 보통 선거, 평등 선거, 직접 선거, 비밀 선거라는 네 가지 중요한 원칙이 있어.

- **보통 선거**: 일정 나이 이상의 사람은 누구든 선거를 할 수 있다.
- **평등 선거**: 신분, 재산, 성별, 학력 등 조건에 관계없이 한 사람이 한 표씩 투표한다.
- **직접 선거**: 다른 사람이 대신 투표해서는 안 된다.
- **비밀 선거**: 내가 누구를 뽑았는지 다른 사람들이 알 수 없다.

선거의 시작

간접 민주주의란 국민이 직접 나서는 대신 국민의 정치적 뜻을 전하는 대표를 선거로 뽑아 간접적으로 정치에 참여하는 민주주의 제도를 의미한다. 대의 민주주의라고도 한다.

대한민국 선거 제도의 변천사

우리나라에서 선거가 시작된 건 일제 강점기부터야.

이때는 일본의 지배를 받고 있었기 때문에 한계가 있는 선거였지.

"일정 금액 이상의 세금을 내는 사람만 투표할 수 있다."

그렇기 때문에 우리나라에서 실시된 최초의 민주 선거는 1948년 5월 10일에 치러진 제헌* 국회의원* 선거라고 할 수 있어.

"대한민국 헌법을 만들기 위한 국회를 구성하고 임기 2년의 의원 200명을 뽑았습니다."

*제헌 헌법을 제정함
*국회의원 선거에 의해 국민의 대표로 선출되어 국회를 이루는 구성원

최초의 민주 선거를 기념하는 의미로, 5월 10일이 유권자의 날로 지정되기도 했어.

"당시 투표 가능한 나이는 만 21세였어."

첫 선거에 대한 기대와 관심 덕분에 당시 투표율은 95.5%나 되었대.

"진짜 높네!"

여기에서 뽑힌 제헌 국회의원들은 다시 투표를 해서 대통령과 부통령을 뽑았어.

"등록된 국회의원 3분의 2 이상의 표를 얻어야 당선되는 간접 선거야."

직접 선거 제도(직선제)는 국민이 직접 선거를 통하여 대표를 선출하는 제도이고, 간접 선거 제도(간선제)는 국민이 중간 선거인(선거인단)을 뽑고 그들로 하여금 선거를 하도록 하는 제도를 말한다.

그 결과 1948년 7월, 초대 대통령에 이승만, 부통령에 이시영이 선출됐어.

"대한민국 정부 수립을 선포합니다!"

이승만 이시영

대통령을 배출한 정당을 여당, 그렇지 못한 정당을 야당이라고 한다. 제헌 국회의원의 임기 2년이 지난 1950년에 새로운 국회의원을 뽑았는데 이들 중 70%가 야당이었다. 국회의원 중 여당의 수가 적어 다음 대통령 선거에서 표가 덜 나올 것을 걱정한 이승만 대통령은 직선제로 헌법을 바꾸기로 결심한다.

"국민이 직접 대통령을 뽑는 직선제가 더 당선될 가능성이 높다고 생각한 거지."

마침 6.25 한국 전쟁이 벌어지자, 이승만 대통령은 북한의 공비* 소탕을 구실로 비상 계엄령*을 선포하고 야당의 반대에도 대통령 간선제를 직선제로 바꾸며 헌법을 수정했어. 그리고 1952년 8월, 2대 대통령에 당선되었지.

*공비 공산주의 혁명을 위하여 정부군에 대항하는 소규모 부대
*비상 계엄령 국가 비상 시 공공질서 유지를 목적으로, 헌법의 효력을 잠시 중지하고 군사를 이용하여 치안을 유지하는 대통령의 권한

당시 헌법에서는 대통령 임기는 4년이고 중임*은 한 차례 가능했어.

*중임 임기가 끝나고 한 번 더 그 자리에 거듭 임용하는 것

1954년 이승만 대통령은 중임이 한 번만 가능하다는 헌법을 수정하고, 1956년에 3대 대통령에 당선되었어.

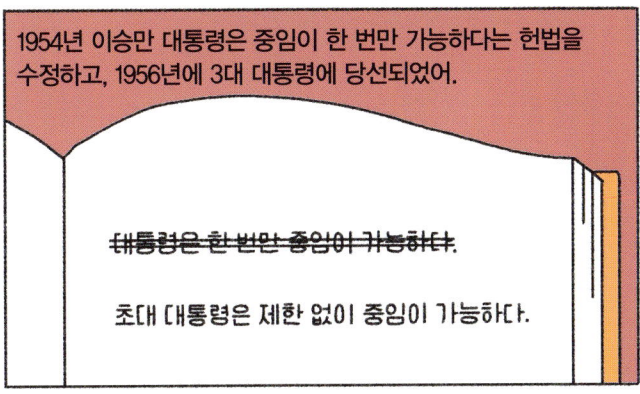

대통령은 한 번만 중임이 가능하다.

초대 대통령은 제한 없이 중임이 가능하다.

1960년 3월 15일 4대 대통령 선거에도 출마한 그는 부정 선거까지 저지르지.

이승만 정부에 투표하세요~.

부정 선거에 분노한 국민들은 거리로 쏟아져 나와 시위를 벌였는데 이것이 바로 4.19 혁명이야. 결국 1960년 4월 26일, 이승만 대통령은 대통령직에서 물러나고 미국으로 떠나.

3.15 선거는 부정 선거다!

이승만 독재 정부는 물러가라!

자유 정의 진리를 드높이자!

이후 우리나라는 대통령제에서 의원 내각제로 변화해서, 장면 총리가 수상*을 맡기도 했어.

의원 내각제는 또 뭐야?

*수상 국가의 행정을 담당하는 최고 기관인 내각의 우두머리. 총리라고도 함

대통령제

대통령제는 입법부와 행정부가 엄격하게 분리된 정부 형태이다. 국민은 국회 의원 선거를 통해 의원을 뽑아 의회를 구성하고, 대통령 선거를 통해 선출된 대통령이 행정부를 구성한다. 대통령은 행정부의 최고 책임자로서 나랏일을 이끌고 국가를 대표하고 의회는 법을 만든다.

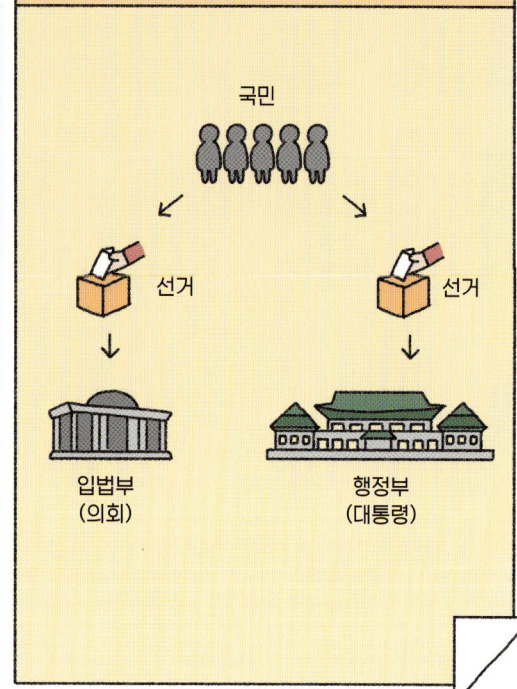

의원 내각제

의원 내각제는 의회를 중심으로 입법부와 행정부가 국가를 운영하는 형태이다. 국민이 국회 의원 선거를 통해 의원을 뽑아서 의회를 구성하면, 의회에서 과반 이상의 지지를 받은 대표자가 수상(총리)가 되어, 최고 정책 결정 기관인 내각의 책임자가 된다.

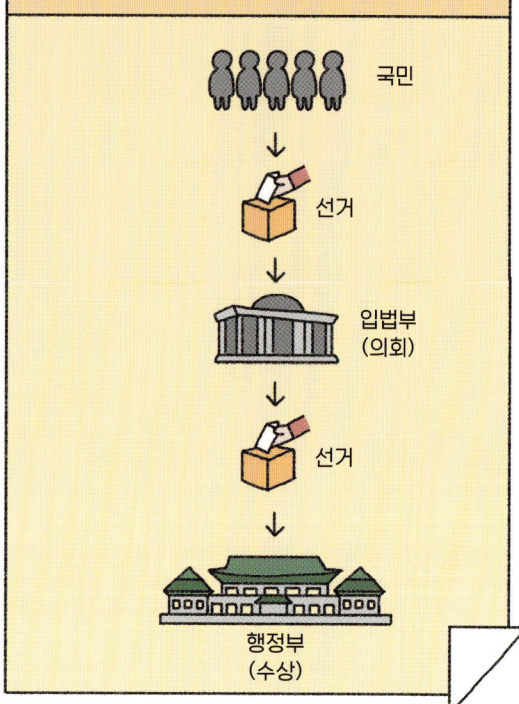

1961년 5.16 군사 정변*이 벌어지며 정권을 잡은 박정희는 의원 내각제를 다시 대통령 직선제로 바꾸며 헌법을 수정해. 그리고 1963년 5대 대통령에 취임한 후, 1967년에도 6대 대통령이 돼.

*군사 정변 군인이 권력을 잡을 목적으로 일으킨 사건

당시 대통령은 한 번 중임이 가능했지만 그는 세 번 연임*이 가능하도록 헌법을 바꾸고 1971년 7대 대통령이 되지.

*연임 원래 정해진 임기를 다 마친 뒤에 다시 계속함

7대 대통령 선거에서 부정 선거까지 벌였지만 당시 경쟁자였던 김대중 후보와 별 차이가 나지 않자,

또 다시 헌법을 바꿔서, 1972년 10월 17일 유신* 헌법을 선포해.

> 유신 헌법
>
> 1. 대통령이 국회 동의 없이 긴급 조치권*을 발동할 수 있다.
> 2. 대통령이 국회 의원의 1/3을 임명할 수 있다.
> 3. 대통령이 법관을 임명할 수 있다.

*유신 낡은 제도를 고쳐 새롭게 함
*긴급 조치권 국가의 안전이나 질서가 위협받거나, 위기에 처했을 때 대통령이 특별한 조치를 내리는 권한

우리나라에서는 국가 권력이 어느 한곳에 집중되어 국민의 권리와 자유를 해치는 것을 막기 위해, 입법부, 사법부, 행정부로 국가의 권력이 나뉘어 서로를 감시하는데, 이것을 '삼권 분립'이라고 해. 유신 헌법에서는 대통령이 입법부, 사법부에 관여함으로써 삼권이 나누어지지 않고 대통령에게 집중된 거지.

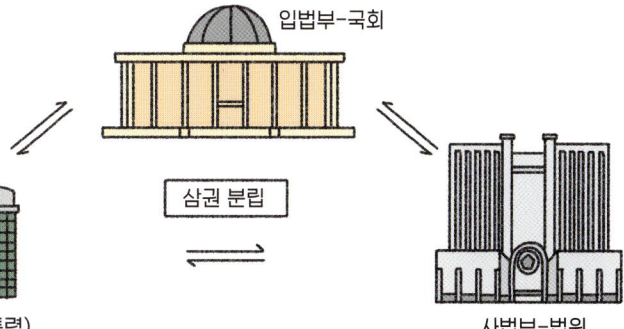

유신 헌법으로 연임 제한까지 없애며 박정희 대통령은 8대, 9대 대통령까지 연임했어.

결국 1979년 부산과 마산 일대에서 유신 헌법을 반대하는 대규모 시위가 벌어진다. 그리고 같은 해 10월 26일, 갑자기 박정희 대통령이 암살되며 유신 헌법 체제는 끝이 난다.

이제는 좀 나라가 안정되려나?

부통령이었던 최규하가 10대 대통령이 되긴 했지만,

1979년 12월 12일. 전두환이 일으킨 두 번째 군사 정변 때문에, 당선된 지 8개월 만에 대통령직에서 물러나.

군사를 동원해 정권을 잡은 전두환은 1980년 8월 선거인단에 의해 간접 대통령 선거를 실시하고 11대 대통령이 되었다. 그리고 대통령의 통치 기간을 7년으로 늘리는 등 헌법을 또 수정했다. 그 후 12대 대통령까지 되며 언론을 통제하고, 민주화를 요구하는 국민들을 탄압했다.

여러 가지 선거 제도

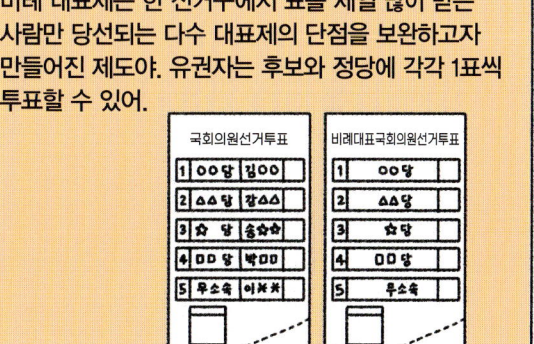

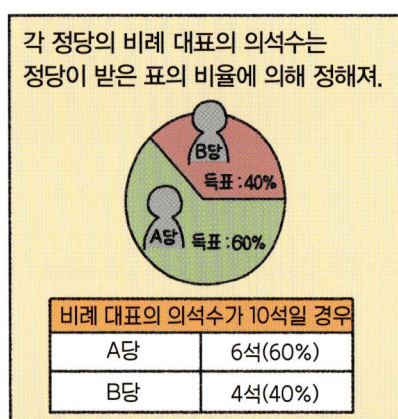

질문의 중요성에 대해 충분히 알았으니,
이제 질문할 거리를 찾으러 가 볼까?
알버트 아인슈타인도 이렇게 말했대.
'중요한 것은 질문을 멈추지 않는 것이다.'
라고 말이야.

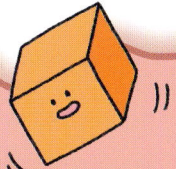

사진 출처

13 테니스 코트의 서약(wikipedia)
14 바스티유 요새의 함락(wikipedia)
17 발미 전투(wikipedia)
19 나폴레옹 초상화(wikipedia)
51 26억 광년, 63억 5천 광년, 89억 3천 광년 떨어진 은하 ⓒGreg Bacon/STScI/NASA Goddard Space Flight Center
55 우주 배경 복사 ⓒNASA
56 나선 은하 ⓒŁukasz Szczepanski/Alamy Stock Photo
60 제임스 웹 우주 망원경
63 합천 충돌구 ⓒ합천군청
63 테누머 충돌구
63 베린저 충돌구
85 판도라(wikipedia)
129 비너스의 탄생(wikipedia)

사진 진행: 이미지파트너스